プロが教える

キャプティブ 自家保険の 考え方と活用

マーシュ ブローカー ジャパン株式会社【著】

中央経済社

はじめに

　「リスク（risk）」という言葉はイタリア語のrisicareという言葉に由来している。この言葉は，「勇気を持って試みる」という意味を持っている。この観点からすると，リスクは運命というよりは選択を意味している。われわれが勇気を持ってとる行動は，われわれがどれほど自由に選択をとるかに依存しており，それはリスクの物語のすべてでもある。～『リスク』ピーター・バーンスタイン（日本経済新聞出版社，1998年）～

　数々の証拠が示しているように，私たちは小さな損は嫌がるのに，超巨大なブラック・スワン的リスクはあんまり気にしない。高確率の小さな損失には保険を掛けるのに，低確率の大きな損失には保険をかけようとはしない。まったくあべこべなのだ。～『反脆弱性』ナシーム・ニコラス・タレブ（ダイヤモンド社，2017年）～

　本書は，これまでセミナーなどでクライアントにアドバイスしてきた論点を整理したキャプティブ自家保険の入門書である。
　キャプティブ保険会社は自家保険を実現するためのツール（ビークル）にすぎないにもかかわらず，解説書と称するものの多くは，初学者と同様，キャプティブ保険会社自体やその引受形態あるいは再保険の仕組みといった周辺情報や「テクニカル」に多くの紙面を割き，それを活用する目的や本質論を説明するものはわずかである。
　キャプティブ自家保険とは，キャプティブ保険会社を活用して保険リスクから生じる損害を自己負担することと，そのためのファイナンス（資金配分）を指す。一方，キャプティブ保険会社を活用しない自家保険は単純自家保険である。以後，「自家保険」は「単純自家保険」と「キャプティブ自家保険」を指すという意味で適宜使い分ける。そもそも保険自体がファイナンス手段の1つだが，自家保険は保険リスクに経済的に対処するための資金配分を直接的に行うという点で，読者がイメージするような一般的なファイナンスに近い手法といえる。

はじめに

　筆者は，次の 3 点を理解することが最も重要だと考える。

1．自家保険というリスクファイナンス手法は，一定額までの損害は自己負担
　　とする（＝一定額を超える部分にのみ保険をかけること）結果，すべて保
　　険で賄うよりもリスクコストの削減になる
2．キャプティブ自家保険は単純自家保険よりも割高なので，自家保険にキャ
　　プティブを活用したほうがよい場合にのみ活用しなければならない
3．自家保険に活用するキャプティブの評価軸は，その収益性ではなく，単純
　　自家保険と同様にコスト削減効果の有無である

　本書の目的は 3 つである。

1．キャプティブ自家保険が自家保険手法の 1 つであること，発生しても自己
　　負担できる損害はもはやリスクではないこと，自家保険が経済合理性に優
　　れたトータルコスト削減戦略であることを説明する。そして，保険ヘッジ
　　か自家保険かという二者択一ではなく，自家保険を適切に組み合わせるこ
　　とが，合理的な保険プログラムの構築において重要だということを示す。
　　それらのコンセプトを理解した上で，最終的にキャプティブ自家保険の導
　　入を促すものである。
2．多くの企業にとって，キャプティブ自家保険の導入を検討するということ
　　は，自家保険戦略の導入を検討することと同義である。キャプティブ自家
　　保険の導入を検討しようということが定性的に明らかになった場合，それ
　　らを定量的に評価する方法，すなわち，キャプティブ自家保険を活用する
　　場合とそうでない場合の手法の違いによるトータルコストの差を金額で認
　　識できなければ，最終意思決定には至らないはずである。自家保険手法ご
　　とのトータルコストの計量方法を提示し，その後の意思決定に役立てられ
　　るようにすることが，本書のもう 1 つの目的である。
3．自家保険の狙いはリスクコストの削減であるから，キャプティブ自家保険
　　の狙いも必然的にコスト削減である。しかしながら，キャプティブ自家保
　　険においては，キャプティブ保険会社が収益を目的とする事業会社のよう
　　に見えてしまう。キャプティブに生じる「事業利益」や「事業損失」がコ
　　スト削減戦略において何を意味するのかを正しく理解しないと，その後の

意思決定を歪めてしまうことになる。本書の3つ目の目的は，キャプティブ自家保険を取り巻くこうした誤解を解消することである。

本書の想定読者は，事業会社において自社の保険プログラムやリスクマネジメントを直接・間接的に担当している方々である。会計，コーポレートファイナンス，税務，統計分析に関する一般知識があれば理解できるようにしたつもりである。もちろん，保険会社の方々がキャプティブ自家保険の「正しい」理解を得るのにも役立つはずである。

ところで，通常の商業保険会社のように収益事業（保険引受事業）を中心とするキャプティブ保険会社も世の中には存在する。しかしながら，キャプティブの活用が一般的とはいえないわが国において，本来的なキャプティブの活用目的，すなわち，戦略的な自家保険を促すことをメインテーマとする本書では，グループ外部からの収益を目的とするキャプティブ（収益目的キャプティブ）についてはあえて触れていない。その理由は，キャプティブ活用目的の理解の妨げになるだけでなく，収益目的キャプティブの中には，一般保険契約者のあずかり知らないところで保険料利ザヤを稼ぐスキームと思われるものがいくつかあり，そのような事実が，キャプティブ自家保険を検討する，あるいはキャプティブ自家保険を実践しているオーナーにとって，キャプティブに対するイメージを歪ませかねないという懸念を持っているからである。また，収益目的キャプティブ保険会社の経営戦略は他の事業投資と基本的には同じなので，あえて論じるまでもないということもある。

それでも，キャプティブ自家保険に関する考え方，保険会計や税務の基礎知識，グループ内部での評価の仕方などは，そのような収益目的キャプティブ保険会社を志向する方々へも逆説的に多くのヒントを提供するであろう。

本書の構成は以下のとおりである。

1．なぜ自家保険を活用するのか

キャプティブ自家保険の骨格である「自家保険」というコンセプトについて詳細な説明を行い，その目的がトータルコスト削減にあることを明らかにする。自家保険の対象は相対的な「低額損害」であり，自家保険金額の上限はリスク許容額を，リスク許容額はKPIインパクト分析や時価総額インパクト分析を，

それぞれ拠り所にしつつ，保険ヘッジコストの弾力性や資金選好度を考慮しながら，リスクコストの最適化に近づけるようにする必要があることを説明する。そして，事故後ファイナンスは保険ヘッジ一択ではなく，手元資金やDebt・Equity調達といった大規模な自家保険でも可能であり，すべてはステークホルダーの期待に応えるような財務戦略の文脈で検討する必要があることを論じる。

2．キャプティブ保険会社とは何か

　キャプティブ保険会社とは何か，どのようにして自家保険スキームが成り立っているのかを概括する。また，誤解が多いセル・キャプティブの本質についても触れる。

3．どのようにしてキャプティブへリスクを移転して，自家保険を実現するのか

　ファイナンス資金である保険料と資本金をキャプティブに移転・蓄積して実際の損害に充てるスキームの概要と，次章以降の説明に必要な再保険のテクニカルタームを説明する。

4．なぜ自家保険にキャプティブを活用するのか

　キャプティブを活用しなくても十分な自家保険戦略を実現できるならばそれに勝るものはないが，単純自家保険では企業ニーズのすべてに対応できるとは限らないことを説明する。また，キャプティブ自家保険のデメリットといわれる，キャプティブの維持に必要なコストは単純自家保険と比較して必ずしも過大ではないことを説明する。

5．キャプティブは事業子会社ではない

　キャプティブの会計上の利益はコスト削減とは無関係である。したがって，会計上の損益を基準に意思決定を行うと，コスト削減という目的に対して多くの弊害が生じる。これらはすべてキャプティブを事業子会社と位置づけることから生じるのである。本章ではそれらの誤解と正しい考え方を説明する。また，キャプティブへの出資，保険料，保険金，配当，増資などの会計用語は名称が異なるだけで，ファイナンス的には同じものだということを明らかにする。さらに，「キャプティブへの出資あるいは増資」に対する抵抗感を解消する考え

方を提示する。

6. 保険会社特有の会計処理とその経済効果

　単純自家保険や保険ヘッジとのコスト比較をするための前段階として，GAAP保険会計，特に準備金について簡単に解説する。その上で，準備金の税法上の取扱いがキャッシュ・フローに影響し，現在価値ベースでは単純自家保険よりもトータルコスト削減に効果を発揮する例を示す。

7. キャプティブ自家保険と国際税務

　トータルコストの構成要素の1つは税効果（税コスト）である。キャプティブ自家保険は国際取引を伴うので，国際税務が関与する。キャプティブの所有者，キャプティブの利用者（被保険者），キャプティブそれぞれに関する税務を理解した上で，それらをグループ全体の税コスト最適になるように整合性を持たせることがトータルコストの削減には不可欠である。本章ではそのための国際税務に関する考え方を披露する。これらの説明は専門家からの助言を得るための事前知識という位置づけである。

8. ファイナンス手法の違いによるトータルコストの評価

　キャプティブの会計上の利益の有無でコスト削減効果は判定できない理由と，正しい評価の考え方を明らかにする。最後に，キャプティブを活用する場合と活用しない場合とで，同じ自家保険戦略をとった場合のトータルコストを実際に比較する方法を説明する。

9. モデリング

　意思決定に不可欠な計量比較，すなわち，キャプティブ自家保険と単純自家保険あるいは保険ヘッジとのコスト比較を行う手法を披露する。保険損害の損害額パターンを確率論ベースのサンプリング（モンテカルロ・シミュレーション）手法で抽出する考え方を示す。それらを踏まえて，損害額パターンを財務諸表に直接リンクさせて，保険コスト，税コスト，資本コストを同時に算出し，自家保険のトータルコスト計算に至るステップを示す。

10. キャプティブ自家保険を導入する

キャプティブ自家保険の導入に至るステップを簡単に解説する。

2022年1月

マーシュ ブローカー ジャパン株式会社
シニア バイス プレジデント
プラクティス リーダー
リスク ファイナンス アドバイザリー

田嶋　英治

目　次

第8章　正味リスクコストを算出する ～簡易シミュレーション～ 125

第9章　フィージビリティー・スタディーで 用いるシミュレーションモデル 155

第10章　キャプティブ自家保険を導入する　179

【コラム目次】

なぜ自家保険を活用するのか

第 1 章

1 自家保険はリスクコストの最適化に必要不可欠である

　企業活動におけるリスクマネジメントとは，リスクのボラティリティが適正範囲に収まるように資金リソースの使い方を最適化して，余剰資金をより重要な目的に使えるようにすることである。適正なボラティリティは企業価値の源泉であるから，リスクを適正範囲に収まるようにするということは，経営判断そのものとも言える。企業が使える資金には当然，限りがあり，資金を効率的に使うことが常に求められている。なぜならば，資金を再投資して企業価値を向上させ続けることが様々なステークホルダーから期待されているからである。

【図表1－1】　保険リスクのトータルコスト最適化をターゲットに据える

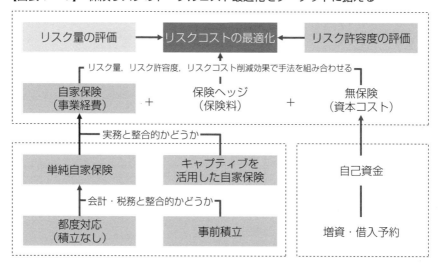

　「リスクコスト」を自家保険による保有損害額期待値と保険料の合計額と定義するならば，リスクのボラティリティが適正に収まるような資金リソースの使い方とは，自社が直面するリスク量と自社のリスク許容額を認識した上で，できるだけ多くの自家保険と十分な額の保険ヘッジや事故後ファイナンスを組み合わせて，ボラティリティ適正を満たすようにリスクコストの最小化を図ること，ということになる（【図表1－1】）。

　個別企業がリスクマネジメントに資金リソースを割いても企業価値の向上にならないばかりか，むしろ価値が削減されることは，コーポレートファイナンス理論から導かれる基本原則である。そもそも保険料は，リスクの対価である純保険料と，リスクとは無関係の経費である付加保険料とで構成されている。つまり，自家保険と比較すれば，保険料を前払いするということは「自社にとっては余計なコスト」を保険会社に前払いすることを意味する。支払った保険料と受け取った保険金が同額の場合，契約者にとってはプラスマイナスゼロだが，保険会社にとっては経費と利潤が持ち出しの赤字契約になる。一方，受け取った保険金が支払った保険料ではなく純保険料と等しかった場合は，保険会社は経費を差し引いた利潤を確保できるということでもある。コーポレートファイナンスの基本原理において保険ヘッジが企業価値の毀損になるのは，この付加保険料に由来する。

　この基本原則を現実の世界に当てはめるには一定の条件緩和が必要だが，条件緩和が示唆することは，企業価値の維持・向上につながる場合にのみ，保険ヘッジが有用な資金の使い方になる。例えば，保険ヘッジがあることによって債権者から資金調達が可能になったり，新規投資に対する経営者の決断を後押ししたりする場合がそれに当たる。

　この考え方に従うと，一定金額までの損害を保険ヘッジすることは，保険は会計価値（会計原則に基づく財務諸表上の価値）の保全には寄与するが，企業価値の保全には寄与しないことになる。つまり，一定金額までの損害はリスクではなく，経常コストのブレにすぎないと割り切るべきなのである。この「一定金額」は企業規模や業種によって異なるが，相対的に小さく財務的に吸収しうる水準である場合は，もはやリスクではないと考えてもいいはずだ。

　反対に，一定金額を超える損害が，資金繰り，取引先，生産計画あるいは投資計画に大きな影響を及ぼし，企業の経済価値向上を阻害する要因となる場合は，保険ヘッジは有用と言えるだろう。株主，債権者，取引先，従業員等のス

テークホルダーは，企業がそのような事態に陥らないよう期待しているからである。

保険ヘッジの目的はボラティリティの適正化にある。保険ヘッジによって一時的な損失補填効果があったとしても，補填された損失は保険料の支払を長期的に継続すれば相殺されてしまう。また，企業価値を生み出す毀損資産を保険金で会計上の埋め合わせをしても，価値を生み出す資産を復元しない限り，企業価値の復元にはならない。そもそも保険ヘッジがあろうとなかろうと，事故発生の可能性とは関係しない。それでも保険ヘッジが有用なのは，【図表1－2】のとおり，ボラティリティを「相対的に」小さくして（例では損害上限がMまで圧縮される）予見可能性を高めることができる点にある。

【図表1－2】 保険ヘッジによるボラティリティ削減メカニズム

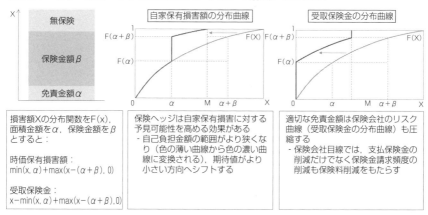

予見可能性が高まれば，債権者からの資金調達が可能になったり，新規投資に対する経営者の決断を後押ししたりすることになり，結果的に株主価値も高まるため，リスクマネジメントにリソースを投入する価値を正当化することができる。その対価として保険料を払うのだから，保険ヘッジの目的はボラティリティの適正化といえるのである。

さらには，保険ヘッジは事故後の企業価値毀損を最小限にするためのファイナンス手法の1つにすぎず，ボラティリティの定義を中長期に拡張すれば，いわゆるタイムディスタンスの平準化（一時的なスパイクがあっても時間軸でならせば損害はバランスシートで吸収できる）という考え方も成り立つ。その場合には保険ヘッジよりも事故後ファイナンスのほうが企業価値毀損の最小化に

寄与することもある。

　いずれにせよ，自家保険と保険ヘッジの二者択一という単純な話ではない。できるだけ多くの自家保険と十分な額の保険ヘッジや事故後ファイナンスを組み合わせなければ，ボラティリティ適正を満たすようなリスクコストの最小化（最適化）はできず，結果的に企業価値を毀損するような資金リソースの使い方になってしまうことを理解しなければならない。

2

自家保険の目的は「相対的な」低額損害を自己負担してリスクコストを削減することにある

適切なレベルのリスクを自家保険で処理する戦略を取ることは，リスクを適切に管理するインセンティブ（リスク・コントロール，リスク情報取得，保険料割り当て）となり，リスクマネジメントを強化できることはたしかだ。ただし，それは定性的なメリットにすぎない。

【図表1−3】 リスク・カーブと自家保有

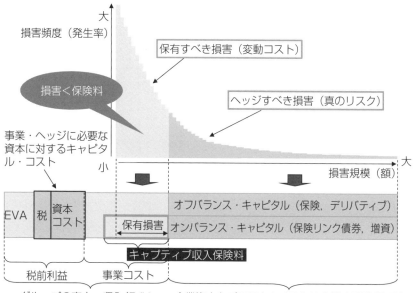

自家保険あるいは（高額）免責金額を導入すると，その他の条件が同じであれば，先払いかつ固定費としての保険料支出はそれまでと比べて減少する。免責金額の導入によって直接的に保険料が減る場合もあれば，自家保険を導入していなければ直面していた保険料支出増（＝レートアップ）を避けたことにより間接的に減る場合もある。いずれにせよ，うまくすれば当面の支出を抑えることができる。その代わり，一定額までの損害を「変動コスト」として受け入れることになる。この保有損害額期待値と保険料の合計が自家保険導入前より

5

【図表１－４】　前払い固定費を減らし，後払い変動費を増やして，リスクコストを
　　　　　　　　削減する

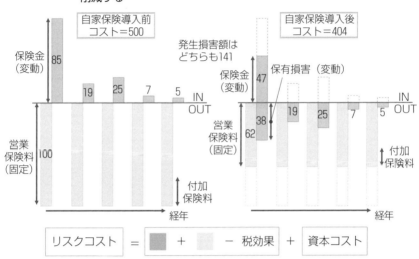

も軽減できれば，リスクコストが削減されたことになる。

　読者の中には，保険購入の動機は，損失のヘッジ以上に損失の平準化である
と考えている人もいるかもしれない。損失の平準化とは，将来に発生する可能
性のある突発的かつ高額な損失によって生じる，経費の大きなブレを保険料相
当額に均して事前に処理することである。コスト予算や資金繰り計画をより予
見可能なものにするための処理ということもできる。自家保険導入による「変
動コスト化」が自家保険のデメリットと言われるが果たして本当だろうか。

　経費予算管理の観点からすると，費用は固定的であるほうが計画を立て，管
理しやすいのは明らかである。売上と連動する通常の「変動コスト」とは異な
り，金額が不明という意味で「変動する」保有損害は予算管理が煩雑になるの
で，できれば避けたいと思うことだろう。

　自家保険導入前と，導入後の保険料との差額は，自家保険導入によって生じ
る変動コストの平均値と考えることができる。そうであるならば，自家保険導
入の有無は時系列平均で見ればリスクコストに中立的ということになりそうで
ある。それでも自家保険を導入すべきだろうか。保険料と保険金をスワップさ
せてもトータルで支出が増えないなら従来通りでいいではないか。そう感じる
のは，無意識のうちに保険料と保険金が釣り合うことを理想と考えているから

に他ならない。

　自家保険においても保険料と同等のコストがかかると仮定すると，保険料の一部を後から保険金で回収することと，自家保険を導入して保険料支出を最初から抑えることは，財務的には同じではない。前者は資金の前払いによって機会損失を生み出していることになり，保険料の絶対額が大きいほど，その機会損失は大きくなる。

　このように，自社で負担できる損失をわざわざヘッジすることは，保険料と保険金をスワップさせていることだけでは済まない。海外製造物賠償責任保険や米国労災保険のように，損害実績に保険料が比例的に増減する事実上の自家保険のような保険契約の場合も同様である。

　また，保険契約の対象となりうる損害が発生した場合，それを支払うかどうかを判断するのは保険会社である。しかも，契約者には，損害額の多寡にかかわらず，請求のつど，必要書類を揃える手間が生じる。自家保険でも事故処理の手間は生じるが，そこに保険契約が関与すると，二重の事務負担が生じることになる。たとえ現場レベルで保険を使わずに処理しようとしても，保険があれば保険金請求せざるを得なくなる。そうしなければ社内ルールに反するからだ。このように，保険があるがゆえの目に見えない追加コストも念頭に置かなければならない。

　さらに，大口損害（一事故の場合もあれば年間総額の場合もある）が発生すれば，翌年度以降の保険料レートが上昇することが多くなる。また，自然災害の増大や社会情勢・金融環境の変化があれば需要と供給のミスマッチによって保険料は上昇する。ただし，この場合は上昇時も下落時もゆっくりである。その一方，保険成績が悪いのは一時的あるいは偶然なので，そうした状態が長く続くことはない。このように，レート上昇と保険成績は非対称なので，ロス状況が急速に改善されたとしても，そのメリットを直接的に享受するのは保険会社だったりする。一方，保険会社にしてみれば過去にゆっくり上昇させたのは激変緩和措置だから，下落させる時もゆっくりでないとアンフェアだと主張することになるだろう。

　自家保険を導入する上で注意したいのは，予算制約がある場合，発生確率が相対的に高い低額損害の補償を優先して，想定金額を超過する高額損害（以下「超過損害」という）への補償を後回しにすることで，コスト削減効果を得ようとしがちなことである。確率とうまく付き合うことができない我々人間は，

　その発生確率が低いがゆえに，超過損害が生じない状態はこれからもずっと続くだろう，あるいは，もはや起こらないとさえ安易に期待してしまう。その結果，相対的に低額かつ節約効果が低い保険料と引き換えに，超過損害の自家保険を意識的あるいは無意識のうちに導入する（高額免責金額との対比で「二次保有」と呼ぶ）に至ることである。

【図表１－５】　自家保険の対象は「相対的」な低額損害である

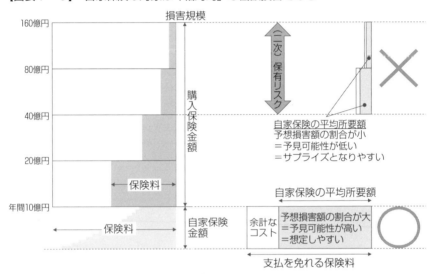

　「相対的な」低額損害リスクは保険会社にとっては予見可能性が高いため，レート計算が合理的なものになりやすく，値引きの余地が限られる一方，「相対的な」低額損害リスクの損害平均は，その発生確率の違いで高額損害の平均よりも大きくなるのが一般的である。また，付加保険料の絶対額も低額損害リスクのほうが大きく，損害額ボラティリティは高額損害リスクよりも小さいという特徴がある。

　保険ヘッジの効果が損失の平準化と，その結果としての予見可能性の向上であるとすると，上記のような超過損害を自家保険した状態で，そのような損害が実際に発生した場合，コスト削減効果や平準化効果などは吹き飛んでしまうだけでなく，企業の財務基盤を揺るがしかねない結果をもたらすおそれがある。

　保険料支出という資金制約（予算には限りがある）の下，保険ヘッジの効果（予見可能性を高める，平準化する）を最大限に得ようとするならば，できる

だけ「低額損害」を自家保険した上で，予算の範囲で適切な金額の保険金額（ヘッジ枠）を設定して二次保有リスクを小さくすることを優先したほうがよい。

　低額損害の保険ヘッジにこだわると，いつまでたってもこの悪循環からは抜け出せない。

3　自家保険への抵抗は心理的要因である

　自家保険は合理的な手法であると理解できても，心理的に受け入れにくいのはたしかである。

　一般的に，保険契約は保険金を受け取るまでその見返りを感じにくい金融取引の1つである。事故はめったに起こらないから保険金もめったに受け取ることはなく，保険料を払い続けることが不合理であるように感じがちである。この心理的抵抗は厄介なものである。

　リスクの上限額まで保険で対応したくとも，予算に制約がある中で，「保険料を払っておいて，何も見返りがないのはもったいないが，事故があったら自己負担はしたくない，そうでなければ保険の効果があるとは言えない」という意識が働くと，リスクに対する認識のすり替えが生じる。「そうでなければ」という部分は本人の感情がそうさせるのであって，論理的帰結ではない。にもかかわらず，相対的に低額の損害への補償を優先すれば予算内に収まるということが確実なメリット（自分の見解の正しさ）として意識されると，相対的に高額な損害への補償は最初から不要だった，あるいは経済合理性がないから不要であるという認識にすり替えられてしまう。我々の脳がそう反応してしまうのだから仕方がない。

　また，免責金額を引き上げた結果，損害が保険でカバーされないことが後日分かった場合，「後出しジャンケン」的な議論だとわかっていても後悔が生じる。後悔が自分の心理だけで完結するならいいが，それが「保険を適切にアレンジしていなかった」という他人の評価に直結するとしたら，人は進んで自家保険を選ぼうとはしないだろう。

　その結果，前述の例でいえば，リスクが160億円まで見込まれるにもかかわらず，そのようなイベントが実際に起こる可能性は極めて低いから40億円まで買っておけば十分だろうというような判断になることはあっても，自社のリスク許容額に照らして10億円の免責金額を設定して10億円超160億円までのカバー（保険金額150億円）を買うという判断にはなりにくい。むしろ，保険損害が実際に40億円を超えるまでは，自分は正しい判断をしたという行動経済学でいうところの認知バイアスが強化されていく。

　その一方，ある程度の規模の企業なら容易に自己負担できる水準の損害（す

なわち「低額損害」）は，保険会社から見てもその予見可能性が高いため，レート計算も合理的なものになりやすく，値引きの余地が限られる。また，ほとんど発生しないが発生すれば相対的に高額な損害に偏った分布になりやすく，原理的かつ相対的に保険料が高くなりやすい事象（地震や津波がその典型）を保険の対象とする場合，保険会社の考える「妥当な」保険料と買い手が想定するそれとの間で金額のミスマッチが起こりやすい。そのような，互いに妥協しにくい状態の中で値決め交渉に双方の多大な労力が費やされていく過程で，「損はしたくないが保険は欲しい」という意識が首をもたげると，「追加保険料を払うくらいなら保険金額を減額したほうがよい」，あるいは，「免責金額を引き上げるくらいなら，保険金額を減額したほうがよい」という認知バイアスがさらに強化されていく。

　払い済みの保険料を保険金で回収したいという気持ちが強いほど，このようなメカニズムが強く作動する。反対に，損害に対して保険が期待したようには機能しないことを何度か経験した人は，以前よりも合理的な対応が取れるようになることを筆者は何度も見てきた。

4　保険料には余計なコストが含まれている

　ここまでで簡単に触れたとおり，保険契約者が保険会社に支払う保険料（「営業保険料」と呼ぶ）は，「純保険料」（予想損害額＋リスクチャージ），「引受費用」（仲介手数料），「事業経費」，「予定利潤」で構成されている。純保険料以外の部分を「付加保険料」という。

　予想損害額は想定される保険金の平均であり，リスクチャージは実際の保険金が予想よりも多くなる場合に備えて保険会社が用意しておく資金の対価（資本コストあるいは機会損失）あるいは平均からの乖離（ボラティリティ）に対する対価である。ボラティリティの対価とは耳慣れないかもしれないが，成績が安定している保険契約ほど純保険料は予想損害額に近づくことを知れば，直感的に理解できるだろう。予想しにくいリスクにはペナルティを課すということである。例えば，地震保険や風水災，あるいは製造物責任やリコール損害のレートが高く感じるのは，予想損害額の平均額よりもボラティリティ対価がとても大きいからである。これらは営業保険料の予定原価である（【図表1－6】）。種目によって異なるが，営業保険料の60～70％程度がこの純保険料で占められ，残りの部分は自社のリスクとは直接関係のない費用である。

【図表1－6】　営業保険料のコスト構造

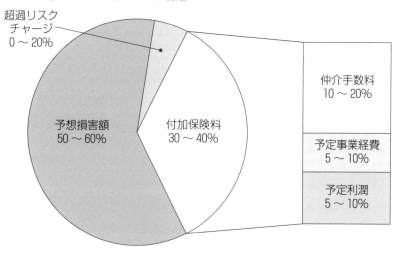

　それでは，保険料に占める予想損害額，リスクチャージ，予定利潤，事業経費の割合は妥当であろうか？

　仮に妥当だとしても，果たして支払うに値するだろうか？

　残念ながら，これらの付加保険料の割合は開示されないことが大半で，保険契約の交渉において判断するのは極めて難しいのが実情である。

　それでも明らかなことがある。

　自社で負担できる損失をわざわざヘッジするということは，保険料と保険金をスワップさせているだけではなく，保険会社の経費と予定利潤を追加負担していることになる。また，保険金を支払うかどうかの判断は保険会社に委ねられているので，自由に引き出して支払に充てることもできない。これは保険の意義あるいは価値を否定するものではない。何をヘッジし，何をヘッジしないのかを適切に切り分けなければ，そのコストは必然的に高いものになるだけでなく，本当にヘッジしなければならないリスクを十分にヘッジしきれない事態を招くことになりかねないということだ。冒頭のナシーム・ニコラス・タレブの言葉をもう一度思い出してほしい。

　誤解してはならないのは，余計なコストを資金リソースに取り戻すこと自体は，友好関係にある保険会社と敵対するためのものではないということである。自社グループにとって予見可能性が高く吸収可能なコストの変動をわざわざヘッジするという行為は，保険会社にとってその契約が儲かるかどうかの予見可能性が高い取引である。上記戦略は保険会社からそのような機会を奪うという意味で保険会社にとっては好ましくないだろう。しかしながら，そのような取引は果たして自社にとって本当に必要な保険ヘッジといえるだろうか。

　事業会社が保険会社に望むべき姿はむしろ，自社グループで許容できる水準を超えるコストの変動（＝高額損害）を妥当な価格で十分にヘッジしてもらう相手になってもらうことではないだろうか。十分な免責金額を設定しても十分な保険金額を確保しにくい地震リスクや風水災リスク，あるいは製造物責任やリコール損害，サイバーリスクといったリスクに対して，もっと潤沢な保険金額を提供してもらいたいと望んでいるのではないだろうか。そのような考え方を受け入れ，実際に協力できる保険会社は，自社の企業戦略にとって従来以上に重要なパートナーとなるはずである。

5 いくらまで自家保険すればよいか

　多くの人々は，自家保険に対して「何か危ないことをする」というネガティブなイメージを持っていることだろう。しかしながら，その大半は「何か危ないこと」を漠然とイメージしているにすぎず，多少具体的であったとしても，「高額の損害を被ること」と認識している場合がほとんどではないだろうか。

　自家保険が対象とする損害は「リスク」ではなく，予算化できる「変動コスト」にすぎないとどうしていえるのか。例えば，次のことを自問してほしい。

- 売上高1兆円の企業にとって，100億円の損害が10％の確率（10年に一度）で発生する場合とは，社内から見て「何か危ないこと」に該当するだろうか？
- 上記損害が「火災・爆発による事故」だった場合と「地震による事故」だった場合とで経営へのインパクトに違いがあるだろうか？
- 上記損害の原因が「為替変動」や「原材料費変動」だったらどうだろうか？
- 上記損害が50億円だったらどうだろうか？
- 上記確率が50％（2年に一度）だったらどうだろうか？　あるいは2％（50年に一度）だったらどうだろうか？
- 上記損害が特定部門のコスト勘定に算入されたらどうであろうか？　本社勘定に組み込まれて特定部門のコストから除外されたらどうであろうか？
- 上記損害をステークホルダーはどのように感じるだろうか？
- 売上高が1,000億円の企業にとってはどうだろうか？

　経済規模は同じでも，稀にしか起こらない事故には驚き，頻繁に起こる為替変動や原材料費変動には驚かないのではないだろうか。また，稀にしか起こらなかったとしても，事前に想定している場合とそうでない場合では受け止め方が異なるのではないだろうか。

　損害保険の世界では，一般的に「リスク」とは「損失発生の可能性」と定義されている。ただし，この表現が曲者である。本当に重要なのは「発生の可能性」よりも，「損失金額の大小」なのである。損失額が大きくても，その可能性がとても小さければ，それは結果的に無視されるか，あるいは可能性ゼロと

みなされてしまうが，実際に大きな損害が発生するとそのインパクトは重大なものになる（東日本大震災は悲劇的な実例である）。

　一方，損失額が小さければ，可能性の大小は問題にならない。なぜならば，損失が発生したとしても大きなインパクトにならないからである。このような低額損失に対する態度は何も保険損害に限った話ではなく，企業が日常のビジネス判断において常に行っていることであるはずだ。

　やはり，リスクは確率ではなく金額で考えるべきテーマなのだ。金額が小さければ，その頻度にかかわらず，経費のブレとして簡単に吸収できる。金額が大きく頻度も大きい損害はそもそも事業に問題があると言えるし，商業ベースに乗らないので事実上保険ヘッジの対象にはできない。「わが社にとってのリスクとはXX億円を超える損害が発生すること」と定義して初めて，リスクを金額で扱うことができるようになるのである。これは，「わが社はXX億円を超える利益のブレは許容したくない」ということの裏返しをリスクという言葉に置き換えていることに他ならない。

【図表１－７】　確率の大小ではなく，ボラティリティの大小で管理する

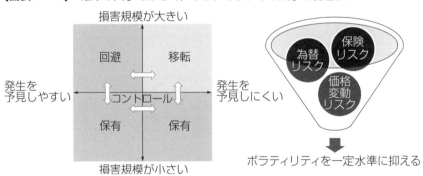

　それでは，自社のリスク許容額はどのように決めればいいか。

　ボラティリティが論点なのだから，自社グループにとって妥当だと思われるリスク量（保険金額）を財務指標への悪影響や他のリスクとのバランスを見ながら決めればいいのである。そして，免責金額の大小で実際の保険料がどの程度削減できるか（＝保険料感応度）を用いて，最終的な免責金額やリスクコストの最適化を果たせばよい。

　その際に用いるフレームワーク（尺度）は，内部ステークホルダーや債権者

に対するものと，投資家に対するものに大別できる。前者はKey Performance Indicatorの一定割合に相当する金額（ネガティブインパクト）を物差しにする方法であり，後者は，時価総額（株価）へのインパクトからボラティリティ許容度を逆算するものである。

　まずKPIインパクト分析を簡単に説明する。

　事業成績には一定の変動（ブレ）が不可避だから，予算係数には「予備費」や「のりしろ」が必ず含まれているはずである。そうであるならば，予想損害額を変動コストとして事前に管理会計上の経費として認識しておき，期末において発生しなかった損失を不要経費として益金処理することは，この「予備費」や「のりしろ」の扱いと同じである。

【図表1−8】　KPIインパクト分析

- 税引き後利益の1〜25%
- 正味運転資本の1%〜5%
- 総資産の1%〜5%
- 経常純利益（純利益から特別損益を控除した金額）の2%〜5%
- 売上高の0.5%〜2%
- 純資産の2.5%〜5%

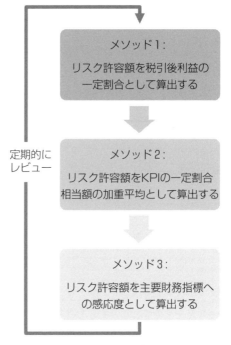

また，増収（減収）額，売上総利益，販売費・一般管理費，外国為替差益（差損），貸倒引当金繰戻（繰入）額の一定割合を目安とすることも有効である。

　このアプローチは，欧米企業のCFOやリスクマネジャーが慣習的に用いる手法（"Rules of Thumbs"）と呼ばれるものの代表であり，一般的な企業分析手法を援用したものである。別の視点からは，過去のKPI指標の推移に基づくという点でバックワードルックな手法ともいえる。

　次に，時価総額インパクト（株価下落モデル）を説明する。

　コーポレートファイナンスの理論でごく簡単に説明すると，大局的には株価

は企業の将来キャッシュ・フローを生み出す力の大きさ（現在価値）で決まると考えられている。現在価値は期待割引率で決まるので，他の条件が同じならば，将来キャッシュ・フローの現在価値が増えると期待される（Discount Rate＝割引率が大きい）企業の株価は値上がりし，割引率が小さいと判断された企業の株価は低迷あるいは下落する。「長期的」とか「大きい割引率」は具体的に明示されたものではなく，そうしたものをマーケットが織り込んで株価が形成されていると考えられている。一時的な損失ではなく，将来キャッシュ・フローを生み出す力の大きさが毀損された（現在価値が小さくなった）と判断されたことによって下落すると考えるのがポイントである。

Capital Assets Pricing Model（CAPM）やその拡張理論によれば，マーケット全体と個別株価から，投資家から見た企業固有のリスク許容度と収益ストリーム（キャッシュ・フロー）を反映したリスク調整後割引率（Risk Adjusted Discount Rate; RADR）をマーケット感応度やマーケットβから得ることができる（market implied）と考えられている。RADRが相対的に低い企業は，業績ボラティリティが株主に重大な損害を及ぼし得ることから，それを軽減する措置がより高い価値を生み出すと考えることができる。反対に，RADRが相対的に高い企業の投資家は業績ボラティリティを織り込み済みなので，それを軽減する措置はより低い価値しか生み出さないと考えることができる。

一方，マーケットの反応に対する様々な論文や実証研究では，投資家は企業価値の源泉として一定の株価ボラティリティを許容しているが，1年間で20％を超えるような下落は許容していない（market implied）と考えられている。つまり，20％下落を仮定した場合のImplied RADRを算出すれば，投資家が1年間に許容するその企業のリスク許容額を逆算できると考えることができる。

Marshが提唱する株価下落モデルにおけるRisk Baring Capacity（RBC）は，上記のフレームワークに沿ったもので，株価20％下落によるRADRの変化を予想四半期利益の変化に換算して，リスク許容額を推定している。予想四半期利益をベースにしているのは，経営者が最も注視する指標だからであって，年間予想利益との直接的な関係はない。あくまでも株価下落（時価総額の下落）からRADRの変化を推定し，投資家のリスク許容額を推定しているにすぎない。RBCについて興味がある読者は，マーシュジャパン株式会社『プロが教える企業のリスクマネジメントと保険活用』（中央経済社，2021年）を参照してほ

しい。

　KPIインパクト分析や時価総額インパクト分析で得られるリスク許容額は，いわば全体許容額なので，保険リスクに割り当てる場合には，全体許容額の25～50％を目安にする。最終的には，その金額を免責金額とした場合の保険ヘッジコストの弾力性を考慮した上で，自社のリスク選考度と資金優先度の見合いで決めてもらうしかない。例えば，免責金額を引き上げても保険ヘッジコストの削減ができないので，より小さい免責金額を取るほうを重視するか，算出されたリスク許容額では十分に保険ヘッジコストが削減できないため自家保険金額を引き上げるほうが長期的には合理的だと考えるか，すべては自社のリスク選考度と資金優先度次第である。

6 リスクコスト最適化の観点から自家保険金額を決定する

　最適化とは，一定条件を満たす様々な組み合わせの中で，目的とする指標が最大となる，あるいは最小となる組み合わせを見つけることである。自家保険を考える場合，リスクコストが最小となるような自家保険金額とそれに応じた保険料の組み合わせを見つけることがそれに当たる。

　【図表1－9】は最適化のイメージである。免責金額と保有損害額期待値（コスト）をプロットすると，免責金額による保有損害額期待値の増加率は漸減するので，【図表1－9】のような保有損害額期待値曲線になる。同様に，保険料（コスト）と免責金額をプロットすると，免責金額による保険料の削減率は漸減する（保有損害額期待値の増加率が漸減する裏返し）ので，【図表1－9】のような保険料曲線になる。リスクコスト（TCoR）曲線は保有損害額期待値曲線と保険料曲線の合成曲線である。下図のリスクコスト曲線からは，免責金額を下げるほど，削減率は漸減するもののリスクコストは下がっている

【図表1－9】　保有上限の調整による経済リスクコストの最適化イメージ

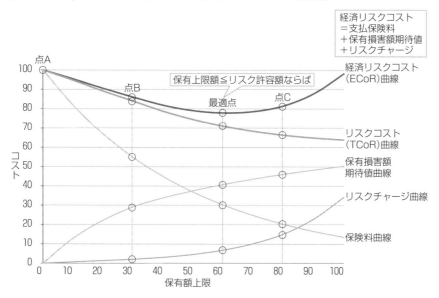

ので，60がリスク許容額ならば点B，80ならば点Cが最適点すなわち最適化されたリスクコストであることがわかる。

【図表1−9】のリスクチャージ曲線は保有損害額ボラティリティの対価（コスト）をプロットしたものである。説明を単純にするために，リスクの上限まで保険金額が設定されている（無保険部分がない）と仮定しよう。免責金額を引き上げるにつれて，保有損害額期待値が上昇するだけでなく，保有損害額のボラティリティ（期待値との乖離）も無視できない大きさになる。コーポレートファイナンスの世界ではボラティリティには対価（見返り）が必要と考えるので，この場合はコストのボラティリティに対してペナルティを課すこととになる。

ボラティリティが表す金額は現実化すれば期待値に加えて追加支払が生じる金額や可能性を表していることを考えれば，この金額は，事後的に調達しなければならない資金や実際に支払うことで本業に使えなくなるかもしれない手元資金の量（確率加重平均した量）を表す。その金額をリスク資本とみなして自社の資本コストをかければリスクチャージを得ることができる。別の表現をすれば，免責金額の純保険料を計算していることと同義である。ただし，保険料計算におけるリスクチャージと異なり，ここでのリスクチャージは相対的なコストであって実際にキャッシュ・アウトするものではない点に留意してほしい。

グラフでは，リスクチャージを加味したリスクコストを経済リスクコスト（ECoR）曲線で示している。Marshはリスクチャージも含めたリスクコストを経済リスクコスト（ECoR）と定義して，ボラティリティの違いを表現できないTCoRのデメリットを補って，CFOや財務担当者が馴染んだ意思決定方法に近いフレームワークを提供している。【図表1−10】は「無視できない大きさ」を95パーセンタイル超とした場合のリスク資本の概念図である。

TCoR曲線と異なり，ECoR曲線においては，免責金額を引き上げるとECoRは減少するものの，最適点を境にして，免責金額を引き上げるとECoRが増加することが見て取れる。また，最適点を構成する免責金額が自社の許容額より小さくても，その免責金額にすることがECoRの最適額になるだけでなく，最適点の免責金額が許容額よりも大きい場合は，より小さい免責金額を選択することが，自社にとって最適な組み合わせになることを表している。

もちろん，許容額を超えた免責金額を選択してはならないということではなく，企業価値の維持・向上に資する他の要素を重視する必要があるならば，む

【図表1−10】損害額の分布曲線とリスク資本

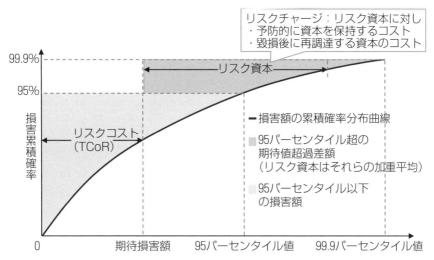

しろそうするべきである。例えば，TCoRあるいはECoRが最適ではないとしても，より高額の保険料を支払い続けて機会損失を発生させたくない，投資に資金を振り向けたいので，より高額の免責金額を選択する，というのがそれに当たる。

　結局のところ，判断の尺度をECoRとするかTCoRとするか，最適点を追求するかしないかは，ステークホルダーにどう説明するかに尽きる。それでも，自家保険の対象となる「低額損害」については，経験上TCoR尺度で足りることが多いが，免責金額の大きさによってはボラティリティの絶対額が意味のある大きさになるため，ECoRを尺度にしたほうが合理的な意思決定になりやすい。一方，保険金額を突き抜けるような無保険部分の損害ボラティリティはその絶対額の大きさが無視できない金額になることが多いため，保険金額の設定においてはECoRを尺度とするほうが合理的な判断につながりやすいといえる。

　繰り返すが，損害がどの程度の頻度と規模で顕在化するのかを事前に評価（リスクモデル化）して素のリスクコストをはじき出し，自家保険，保険ヘッジ，その他の事故後ファイナンスをどのように組み合わせてリスクコストを最適化するかという文脈で，リスク許容額を決めることが重要ある。

　なお，リスクモデルについては第6章で改めて説明する。

【図表1－11】　リスクカーブとリスクコスト要素の対応イメージ

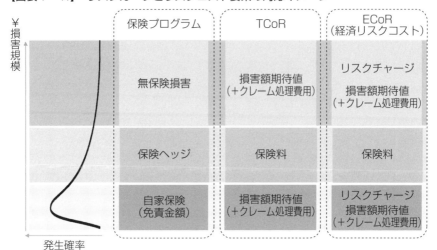

7 | 保険ヘッジだけが事故後ファイナンスではない

　最後に，自家保険とも密接に関連する事故後ファイナンスという視点で，自家保険や保険ヘッジ，保険価額評価が自社の財務戦略と密接な関係にあることを説明したい。事故後ファイナンスとは事故によって毀損した企業価値を復元するための資金調達や資金配分を事前に決めておくことを指す。

　地震保険を例にして考えてみよう。保険金を再投資せず期待収益額を復元しない場合，会計価値（簿価）のみが復元される。会計価値は変わらなくても，コーポレートファイナンスの観点では，事故の有無とは無関係に，何もしなければ企業価値は減価していくので，再投資による価値創造の期待に応えられないかもしれない。また，事前に復元しないと決めているのに新価で保険ヘッジを行うのは，時価保険料との差額が無駄である。事後に復元しないと決めた場合であっても，新価で保険ヘッジを行っていたのでは，時価保険料との差額が結果として無駄になる。

　ここでは，保険金で損失補填ができても，また，再投資しても期待収益額を復元できない限り，企業価値は毀損したままであるということを忘れてはならない。企業価値の毀損は，株価下落を通じて既存株主がまず負担することになるため，保険金を受け取るだけならば，配当や自社株買いの圧力が高まる。一方，負債を返済できなくなるほどの毀損が生じると，債権者も価値の毀損を負担することになるが，保険金で損失補填されたことによって，債権者の負担は緩和されるはずである。

　保険ヘッジは事故後に保険会社から資金調達するという点で事故後ファイナンスの1つであり，損害が生じた後に自己資金や他人資金（Equity，Debt）で企業価値を復元するためのファイナンスの1つにすぎない。つまり，事故後の企業価値を復元するための資金調達手段は保険ヘッジ一択ではなく，資金調達コスト（保険料，ワラント料，コミットメントライン手数料）や資本コストの感応度で手法を比較・選択すべきファイナンス戦略の文脈で考えるべきなのである。

　手元資金で復元する場合，キャッシュを価値創出資産に変換するので，事故前よりも企業価値が高まる，つまり株主にとってDebt（借入）の次に好ましいファイナンスである。保険金はEquity（増資）調達と同じファイナンス効果，

すなわち資本コストが事故前よりも上がって株主価値が下がる，つまり既存株主にはあまり好ましくないが，債権者にとっては好ましいファイナンス手段といえる。また，Debtで資金調達する場合，資本コストが事故前よりも下がって企業価値が上がる，つまり株主にとって最も好ましいファイナンスということになる。ただし，株主価値は毀損しているため，解散価値が下がったままなのはいうまでもない。

　自己資金が潤沢なある企業が罹災して，企業価値を生み出す資産が毀損した場合を考えてみよう。企業価値を生み出していた資産を再投資により復元する場合，果たして自己資金，保険金，Equity，Debtといった資金調達方法によって，事故前と比べて企業価値に違いは生じるだろうか？　答えはYESである。

【図表1-12】　資金調達方法によって企業価値に違いが生じる例

（前提条件）

B/S	簿価	時価	備考
事故前キャッシュ	200,000		
事故前業務資産	1,000,000	1,500,000	
事故前総資産	1,200,000	1,700,000	
事故前資本金	500,000		
事故前留保利益	500,000		
事故前負債	200,000		年金利1%
事故前総資本	1,200,000		
業務資産毀損額	-100,000	-150,000	業務資産10%毀損
再投資額	150,000	150,000	再調達価額
再投資後業務資産	1,050,000	1,500,000	

価値評価	収益／年	備考
事故前	225,000	＝1,500,000×15%
事故直後	202,500	事故前の90%
再投資	22,500	ROIC 15%
再投資後	225,000	

自己資金で再投資ファイナンス

P/L	簿価	時価	備考
損失	-100,000	-150,000	
保険金	0	0	
収支	-100,000	-150,000	
保険金	0		
再投資	-150,000		非現金資産に変換
キャッシュフロー	-150,000		

B/S	事故前	事故直後	再投資後
キャッシュ	200,000	200,000	50,000
業務資産	1,000,000	900,000	900,000
再投資	0	0	150,000
総資産	1,200,000	1,100,000	1,100,000
負債	200,000	200,000	200,000
資本金	500,000	500,000	500,000
留保利益	500,000	400,000	400,000
総資本	1,200,000	1,100,000	1,100,000
WACC	6.83%	6.73%	6.73%
企業価値	3,293,000	3,010,000	3,345,000
解散価値	1,500,000	1,350,000	1,350,000

- キャッシュを価値創出資産に変換するので，事故前よりも企業価値が高まる（株主にとってDebtの次に好ましいファイナンス）

保険金で再投資ファイナンス

P/L	簿価	時価	備考
損失	-100,000	-150,000	
保険金	150,000	150,000	再調達価額
収支	50,000	0	
保険金	150,000		
再投資	-150,000		非現金資産に変換
キャッシュフロー	0		

B/S	事故前	事故直後	再投資後
キャッシュ	200,000	200,000	200,000
業務資産	1,000,000	900,000	900,000
再投資	0	0	150,000
総資産	1,200,000	1,100,000	1,250,000
負債	200,000	200,000	200,000
資本金	500,000	500,000	500,000
留保利益	500,000	400,000	550,000
総資本	1,200,000	1,100,000	1,250,000
WACC	6.83%	6.73%	6.88%
企業価値	3,293,000	3,010,000	3,270,000
解散価値	1,500,000	1,350,000	1,500,000

- 保険金はEquityと同じファイナンス効果がある
- 資本コストが事故前よりも上がるため，企業価値は下がる（債権者にとって好ましいファイナンス）

Equityで再投資ファイナンス

P/L	簿価	時価	備考
損失	-100,000	-150,000	
保険金	0	0	
収支	-100,000	-150,000	
Equity	150,000		株式数：事故前＜事故後
再投資	-150,000		非現金資産に変換
キャッシュフロー	0		

B/S	事故前	事故直後	再投資後
キャッシュ	200,000	200,000	200,000
業務資産	1,000,000	900,000	900,000
再投資	0	0	150,000
総資産	1,200,000	1,100,000	1,250,000
負債	200,000	200,000	200,000
資本金	500,000	500,000	650,000
留保利益	500,000	400,000	400,000
総資本	1,200,000	1,100,000	1,250,000
WACC	6.83%	6.73%	6.88%
企業価値	3,293,000	3,010,000	3,270,000
解散価値	1,500,000	1,350,000	1,500,000

Debtで再投資ファイナンス

P/L	簿価	時価	備考
損失	-100,000	-150,000	
保険金	0	0	
収支	-100,000	-150,000	
Debt	150,000		レバレッジ率：事故前＜事故後
再投資	-150,000		非現金資産に変換
キャッシュフロー	0		

B/S	事故前	事故直後	再投資後
キャッシュ	200,000	200,000	200,000
業務資産	1,000,000	900,000	900,000
再投資	0	0	150,000
総資産	1,200,000	1,100,000	1,250,000
負債	200,000	200,000	350,000
資本金	500,000	500,000	500,000
留保利益	500,000	400,000	400,000
総資本	1,200,000	1,100,000	1,250,000
WACC	6.83%	6.73%	6.16%
企業価値	3,293,000	3,010,000	3,653,000
解散価値	1,500,000	1,350,000	1,350,000

- 資本コストが事故前よりも下がるので，企業価値は上がる（株主にとって最も好ましいファイナンス）
- 株主価値は毀損しているため，解散価値は下がる

　これらの例でわかるとおり，ステークホルダーが期待するリスクファイナンスの手法はそれぞれ異なっており，誰のためにどのように組み合わせて実現するかは，まさに自社の財務戦略そのものといえるだろう。

キャプティブ保険会社とは何か

第2章

1 キャプティブとは自社グループのリスクだけを引き受ける保険会社

第1章ではなぜ自家保険を活用すべきかを論じた。キャプティブを活用した自家保険を語る上で，予備知識あるいは付随情報として必要な，キャプティブ保険会社とは何かを説明する。キャプティブマーケットの現状については，第5章で改めて説明することにする。

キャプティブ保険会社（以下「キャプティブ」という）の大半は，保険業を営んでいない企業・企業グループ（以下「自社グループ」という）によって設立された，自社グループのリスクだけを専門に引き受ける特殊な保険会社（自家保険を実施するためのビークル）である。その設立目的は，事実上の自家保険を行って自社グループの保険リスク（保険が対象とするようなリスク）のトータルコストを削減することである。そのようなキャプティブの中には，第

【図表2－1】 元受キャプティブと再保険キャプティブ

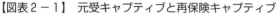
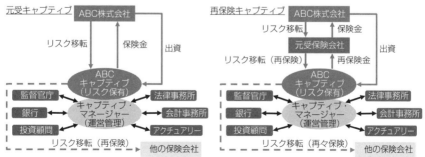

三者からの収益獲得とは別の目的で第三者リスクを限定的に引き受けるキャプティブも存在するが，ポートフォリオの大半は自社グループのリスクで占められている。したがって，キャプティブとは自家保険をするための特殊な保険会社を指すといえる。

　キャプティブの運営はオーナーが独自に行うことは許されていないのが一般的である。少なくとも表向きには，保険会社という特殊な事業の運営にはその業界特有の知識と経験が必要である，という考え方が現地法の背景にある。とはいえ，そのような人材を個別に雇うことは人材プールや費用の点で現実的ではないため，現地当局が認可した「キャプティブ・マネージャー」という専門職がその任にあたるという仕組みを取ることで，一般事業会社や個人がキャプティブを活用できる環境を構築している。

　「キャプティブ・マネージャー」という用語は法律的にはその職務を行う法人を指すことが多いが，実務的には職務を指すのが一般的である。職務としての「キャプティブ・マネージャー」はキャプティブのオーナーの指示に従って保険引受，帳簿管理，資金決済，株主総会・取締役会のセットアップ，会計監査対応，現地当局対応など，運営全般を代行し，法務，税務，投資，会計監査はサービスプロバイダーと呼ばれるそれぞれの専門家（事務所）から助言や業務の提供を受けながら，必要な業務を遂行することになる。運営体制を契約関係で見ると，キャプティブはキャプティブ・マネージャーやサービスプロバイダーと個別に業務委託契約を交わして運営体制を構築することになる。

【図表2-2】　自家保険キャプティブはコストセンターとして価値を発揮する

バリューセンター	一般事業会社	キャプティブ
コストセンター （コスト削減目的会社）	目的：内製化によるコスト削減 ・非営利事業会社 ・収入はグループ各社の支出	目的：自家保険ファイナンス 　（自社のリスクコスト削減） ・通常のキャプティブ（本書テーマ） ・ポートフォリオ：自社リスク
プロフィットセンター （収益目的会社）	目的：外部取引に由来する収益獲得 ・営利事業会社（資本コストを超える収益追求） ・収入は第三者の支出	目的：小規模保険会社（第三者契約による収益獲得） ・例外的キャプティブ ・ポートフォリオ：第三者リスク

　キャプティブは保険リスクのトータルコスト削減を目的とするのではなく，商業保険会社のように自社グループ以外のリスク（「第三者リスク」）を引き受ける収益事業として活用される例もある。活用事例は様々だが，第三者からの収益を獲得することが主目的である点は同じである。ただし，キャプティブと商業保険会社はその認可条件が厳密に区別されており，そのような事業をキャプティブが行うことには一定の制限がなされているため，収益目的のキャプティブは例外的といえる。

　自家保険をメインテーマとする本書においては，引受ポートフォリオが自社グループのリスクに限定されているキャプティブ（自家保険キャプティブ）を念頭に置いて，議論を展開する。

　自家保険キャプティブは貯金箱にたとえられることが多いが，資金を貯めることがキャプティブの目的ではない。第5章で詳述するように結果として貯まるにすぎないし，資金を貯め込まないほうが機会損失を避けられるので望ましいとすらいえる。貯金箱というメタファーは本質的な理解を妨げる要因になりかねない。

　むしろキャプティブは生活用資金口座にたとえるほうが適切だろう。銀行口座を開設して最初の資金を預け入れ，日々の生活費を支払うために資金を引き出し，定期的にあるいは臨時に資金を補充し，家計簿や通帳で資金の出入りを確認するというフローに異論はないだろう。このフローをキャプティブに置き換えれば，キャプティブの銀行口座に出資し（最初の資金の預け入れ），定期的にキャプティブに保険料を支払い（定期的な資金の補充），自家保険損害を支払うためにキャプティブから保険金を受け取り（資金引き出し），資金が不足したら増資し（臨時の資金補充），会計帳簿で資金の出入りを確認するというフローになる。このたとえを拡張して，「キャプティブ」を自社の「自家保険専用口座」に置き換えれば，事前に資金準備のある単純自家保険のフローになる。極論すれば，キャプティブと単純自家保険は「自家保険専用口座」の所有者が違うにすぎない。

　古い資料になるが，犬飼重仁編「わが国企業グループキャッシュマネジメント高度化への提言―グローバリゼーション下の企業財務の対応と実践―」(2008年，総合研究開発機構（NIRA），企業財務協議会・日本資本市場協議会）によれば，以下3点の興味深い指摘がある。

- キャッシュ・マネジメントの目的は，「企業グループのお金の，部分均衡から全体最適への転換」である
- 「緊急時の必要な資金の調達に支障を与えず，しかも平時も含めて，お金を極限までこき使う，そして自在にこき使える環境をつくる」ことである
- キャッシュ・マネジメントの極意，核心は『企業グループ全体の運転資金（Working Capital＝アイドルマネーを含む）を，流動性リスクを上昇させることなく最小化することによって，資本コストとリスクを最小化する』ことである

　キャッシュ・マネジメントの導入事例が普通のこととなりつつある現在，「お金を極限までこき使う」という視点で見れば，わが国においてもキャプティブ自家保険が活発になる余地が十分にあることを示しているのではないだろうか。

2 キャプティブ・ドミサイル

　キャプティブは，主としてキャプティブ・ドミサイル（以下「ドミサイル」という）と呼ばれる，キャプティブを積極的に誘致している国・地域に設立される。ドミサイルにはキャプティブの運営を支援する運営管理会社，弁護士，会計士，保険数理人，金融機関，その他のインフラが完備されているのが一般的だからである。また，ドミサイルはその性格上，オフショア金融センターあるいはタックスヘイブンと呼ばれる国・地域と重なることが多いが，米国内ドミサイルのような例外もある。

　ドミサイルが好まれる理由はいくつかある。

　保険業は公共性が高い業種であるため，どの国においても保険会社の運営には多くの規制がある。その目的は契約者保護だが，十分な財務資力を有し，個人消費者や中小企業と同等の保護を必要としない大企業にとって，そのような保護はむしろ企業の資本効率を歪める場合が多いといってよい。これに対して，ドミサイルの行政府はキャプティブの特殊性に応じた柔軟な現地法制度や優遇措置を整えており，機動的かつ効率的なキャプティブ運営が可能になっている。裏を返せば，キャプティブが自家保険ビークル（道具）であるがゆえに緩やかな規制で十分とされている。

　かつてはドミサイルごとに法制度や税制度の違いによる有利不利があったが，ドミサイル化することで地元の雇用や税収入を増やすという行政戦略が広く認知されるようになり，ドミサイルの数が年々増加した結果（2020年末現在，約60か国・地域），ドミサイル間での競争が高まり，法制度にも大きな違いが見られなくなっている。さらには，IT（情報通信技術）やインターネット環境の高度化により，金融インフラの有無ですら比較優位性の根拠にならなくなりつつある。現在では，運営コストに影響を与える現地物価水準，渡航の容易さ，国内外の税制度あるいは（再）保険市場の有無といった，キャプティブ関連制度以外の違いによって決まることが多くなっている。

2.1. 世界の主要ドミサイル

　キャプティブ設立の3大ドミサイルは，英領バミューダ，英領ケイマン諸島，米国バーモント州である。ただし，国という単位で見るならば，州の大半が

キャプティブ関連法を有し，実際に多くのキャプティブが稼働している米国が最大のドミサイルということができる。

　米国が最大のドミサイルになった理由は，同国の労災リスクや福利厚生リスクのキャプティブ自家保険をする場合，キャプティブが国内認可を得ていることが要件の1つであることと，ドミサイル先駆者であるバーモント州やハワイ州の成功を見た他州がそれに倣ったことが挙げられる。

　また，EUに所在するキャプティブはEU域内リスクを直接引き受けることができる利点を利用するために，単一の自社グループでEUキャプティブと非EUキャプティブを同時に活用するなど，複数のキャプティブを使い分ける例も珍しくない。このような活用方法も各ドミサイルの分布に影響を与えている。

2.2.　日系キャプティブが所在するドミサイル

　キャプティブというコンセプトが日本に輸入された当時，すでにバミューダがキャプティブ市場最大のドミサイルになっていた。日系キャプティブの場合，本邦CFC税制（CFC = Controlled Foreign Corporation；いわゆるタックスヘイブン税制）の導入とともに，バミューダ，シンガポール，ハワイ州とその人気ドミサイルが推移して今日に至っている。

【図表2－3】　日系企業が選択しているドミサイル

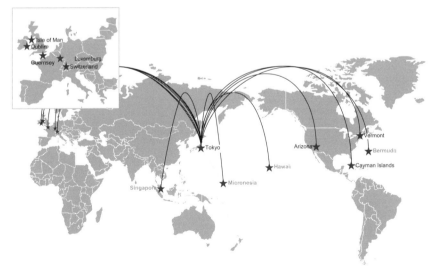

CFC税制については第7章で改めて説明するが，簡単にいうと，親会社の所得に対する実効税率よりも子会社の実効税率が著しく低い場合に，子会社の所得を親会社の所得に合算して追加課税し，節税効果を消滅させる税制である。

本邦CFC税制はまだなかったため，キャプティブの所得に税が課されないバミューダがドミサイルとして選ばれるのは当然であった。当時のキャプティブ戦略は，いわゆる保険自由化前であったことから，自家保険を目的とするのではなく，再保険市場と本邦国内元受保険市場の条件差（レート差）をキャプティブにおいて実現させることによって事実上の値引きを得る，いわば「保険料の鞘抜きスキーム（価格裁定）」が主流であった。このようなキャプティブのユーザーにとって，キャプティブの税引き後利益の最大化が保険料節減の最大化と同義だったのである。このため，キャプティブは自家保険ツールであるという認識は生まれず，キャプティブは保険料節減ツールあるいは単なる節税ツールであるという認識が国内に広がることになり，その後の普及に大きな障害になってしまった。

本邦CFC税制が導入された後は，その当時CFC税制に抵触しなかったシンガポールやルクセンブルグ，マン島，ガーンジーなどがドミサイルとして好まれるようになった。時を同じくして，わが国においてもいわゆる保険自由化が法的に整備された結果，保険料レートの内外価格差やその他の条件面での硬直性が徐々に薄れ，キャプティブを活用した価格裁定戦略が意味をなさなくなった。

実際，これらの地域が本邦CFC税制に抵触するようになり，国内市場の保険自由化が相当程度に進行するのと歩調を合わせるように，いくつかのキャプティブは清算された。その一方で，新設あるいは移転先として当時はCFC税制に抵触していなかった米国ハワイ州が，続いてミクロネシア連邦が日系企業のキャプティブ・ドミサイルとして人気を博すようになった。

しかし，バミューダやシンガポールなど，いわゆるタックスヘイブンに所在する日系キャプティブがすべて清算あるいは他のドミサイルに移転したかというとそうでもない。また，そのような地域もいまだ選択肢として健在である。その理由は様々だが，概ね次のとおりである。

● 親会社が合算課税されても課税額の経済的インパクトが小さい
● 親会社に累積損失があるため，合算課税額を吸収できる

- キャプティブに累積損失があるため，合算課税額を吸収できる
- キャプティブ運営のための出張と本業の業務出張を兼ねることができる
- 現地に駐在員がいるため金銭では評価できない安心感がある
- 一度作った子会社は簡単に閉じられない

　本邦CFC税制の2018年改正により，キャプティブの留保所得は原則として親会社と合算されるようになったため，今では課税裁定の有無でドミサイルを選択することに意味がなくなった。このため，Marshが扱う案件においては前述したミクロネシア連邦だけでなく，地理的あるいは機能的な特徴を重視してバミューダ，シンガポール，あるいはハワイ州を選択する事例が増加傾向にある。

バミューダ
- 石油開発プロジェクトなどの国際ジョイントベンチャー・パートナーの課税関係がシンプルになる
- 再保険市場があり，キャプティブとは別に定期訪問するニーズがある
- 米国に近いオフショア・ドミサイルである

シンガポール
- 日系企業の多くがアジアビジネスの統括拠点を設けていて社内ガバナンスを確保しやすい
- 金融市場があり，ファイナンスの利便性を確保しやすい
- 再保険市場があり，キャプティブとは別に定期訪問するニーズがある
- キャプティブ自家保険ポートフォリオのコアが将来的にはアジアになる

ハワイ州
- ミクロネシア連邦と同様に日系企業のキャプティブを積極的に誘致している
- 米国ドミサイルである

　対照的に，日本企業と同様にCFC税制があるだけでなく，親会社がキャプティブに支払う保険料を税法上の損金として処理することが原則として否認されている米国の企業にとって，米国に近く，法人税の課税がなされないバミューダやケイマン諸島がその最有力ドミサイルの地位を維持し続けている。また，EU域内にキャプティブを有する欧州企業の中には，EUが定めるソルベ

ンシー基準（保険会社の最低資本要件）よりも少ない資本金で済む，すなわち資本コストがより少なくて済むバミューダやケイマン諸島にそのキャプティブを移す事例も散見される。このように，合算課税を超えたところにドミサイルの選択基準を置いていることが，筆者には非常に興味深い。

3 キャプティブの分類

　キャプティブの所有形態に着目すると，単一の企業・企業グループが所有するシングル・オーナー・キャプティブ，資本関係のない複数の企業・企業グループが共同で所有するグループ・キャプティブ，保険会社の機能を賃借するセル・キャプティブに分けられる。本書が想定するキャプティブはシングル・オーナー・キャプティブだが，ここでは，グループ・キャプティブとセル・キャプティブについて簡単に触れておく。

3.1．グループ・キャプティブ

　資本関係のない複数の所有者，例えば，特定の業界に所属するメンバー同士のリスクをプールして，参加メンバーの個別損害を共同負担することを目的としたキャプティブである。いわば「業界内共済」のようなオペレーションと考えればわかりやすいだろう。被保険者が所有しているという点ではシングル・オーナー・キャプティブと同じである。

　グループ・キャプティブへ参加する場合，リスクの一定シェアを負担する資力と自身の良好なリスク実績をベースとした他のメンバー全員による承認が必要となるのが一般的である。これは法的にそう定まっているのではなく，メンバー間で相互の損害をシェアするという運営上の要請である。その他の点はシングル・オーナー・キャプティブと同じである。

　余談だが，グループ・キャプティブが拡大・発展して商業保険会社として上場したのが，旧ACE社（現Chubb），旧XL社（現AXA XL社）であり，それらがグループ・キャプティブとして設立される際に，Marshはアドバイザーとして関与した経験を持つ。

3.2．保護セル・キャプティブ

　保護セル・キャプティブは，保険会社の機能，特に，保険会計を使った財務処理機能（後述）と保険証券発行機能を有償で貸し出すことを業とする，被保険者と資本関係のない第三者が所有する特殊なキャプティブ保険会社である。一般的な保護セル・キャプティブのビジネスモデルは保険リスクを負担することで対価を得るのではなく，機能貸しあるいは信用リスク負担によりフィー収

入を得ることである。

　保護セル・キャプティブを利用する場合，少額の優先株式（Preferred Share あるいはShare Capital）をデポジットして保護セル・キャプティブの帳簿内に「セル」と呼ばれるアカウント（管理口座）を開設してもらい，その口座の中でユーザーの資産と保険負債を管理する仕組みになっている。優先株式はアカウントの成績に応じた配当を得るための受益証券のようなものだが，アカウントの所要額と受益証券の券面額は一致しないのが通常である。また，アカウントのリスク量と資金量に応じてL/C（信用状）や現金などの追加担保を要求されることもある。これらは保護セル・キャプティブのオーナーのリスク選好度とセル・ユーザーの信用力によって決まる。

　このような個々のセルの資産・負債と，保護セル・キャプティブのオーナー出資分が合算されたものが保護セル・キャプティブの対外的な資産・負債となる。ただし，対内的にはそれぞれのセル・ユーザーが個別責任を負っている（詳細後述）。

　読者の中には，レンタ・キャプティブという言葉を知っている人もいるだろう。かつてのレンタ・キャプティブのユーザーは，第三者に対してアカウントごとの独立性を法的に主張することができなかった。このため，特定アカウントが債務超過になり，当該ユーザーが追加出資（キャッシュ・コール）に応じることができなければ，他のユーザーもそれぞれのアカウント資産の範囲内で，

【図表2−4】 保護セルキャプティブのアカウントは内部で倒産隔離されている

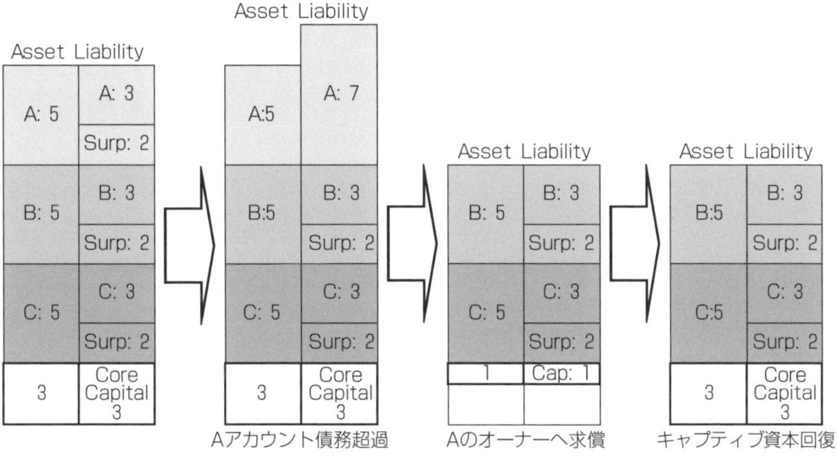

37

その責任を応分負担する可能性が常につきまとっていた。ユーザーの倒産隔離ニーズに応えるため、アカウントの資産・負債が他のアカウントから隔離されることがドミサイルの法律で保証された保護セル・キャプティブ（PCC=“Protected Cell Captive”あるいはICC=“Incorporated Cell Captive”）という仕組みが編み出されたのである。ICCは、PCCという保護だけでは完全な倒産隔離が保証されないかもしれないという懸念を払拭するために導入された新しい概念であり、全体としては単一の法人でありながら、対外的にはそれぞれのセルがあたかも独立した法人と同様の法的保護が受けられるという仕組みになっている。ただし、PCCやICCのような法的構成が他国の法律においても効力を発揮するかどうか、に関してはドミサイル域外の判例が不十分なため、現時点でもグレーだといわざるをえない。

3.3. シングル・オーナー・キャプティブと保護セルは似て非なるものである

　保険会社という機能面においては両者に違いはない。しかしながら、自社グループにとってシングル・オーナー・キャプティブがオンバランスな存在であるのに対して、保護セル・キャプティブの個別アカウントである保護セルがオフバランスな存在である点がもたらす会計上のインパクトに本質的な違いがある。

　まず、シングル・オーナー・キャプティブと比較した保護セルの優位性として挙げられる項目の多くは、メリットといえるほど明確な違いをもたらさない。

　メリットの代表としてよくいわれるような「保護セルなら多額の出資が不要」という売り文句は必ずしも正しくない。セルであってもリスクに見合った所要資金量が必要となる点は同じであり、資金の性質が出資金なのか保証金あるいはその他の担保なのかの違いにすぎない。むしろ、シングル・オーナー・キャプティブのほうが所要資金量について柔軟に対応できる余地が多いといえる。

　例えば、シングル・オーナー・キャプティブであれば、資金が足りなくなった時に増資すればよいと割り切ることが資金効率上は最適であり、実際に日系企業以外のキャプティブではそのように運用されていることが多い。一方、セルを貸し出すオーナーにとっては受け入れがたい戦略である。後述するが、自家保険においてキャプティブが対象とするリスクは第三者的な立場と当事者と

ではその意味するところが異なるため，「リスクに見合った所要資金量」に対する見解も自ずと違ってくる。そのため，シングル・オーナー・キャプティブでは資金量100で当面の運営が可能な場合であっても，保護セルでは資金量200以上が必要ということが起こりうるのである。

また，保護セルの運営コストがシングル・オーナー・キャプティブと比較して常に低廉だというわけでもない。運営コストが低廉な場合が多いのは事実だが，それは保護セルだからではなく，アカウントの規模が小さく，運営の手間がかからないからである。

それでは本質的な違いとは何であろうか。もう一度，所有形態の違いに注目してほしい。

シングル・オーナー・キャプティブは連結対象となり得る子会社である。これに対して保護セルは保護セル・キャプティブの優先株式への少額出資となり，出資者の会計処理上，原則として少額株式投資と同様に扱われる。実は，ここに両者の本質的な違いの要因がある。

キャプティブ自家保険は，リスクというオフバランスな将来負債を計量化・費用化し，その費用性資金（保険料）が最終的には資本性資金（エクイティ＋負債）に変換されるメカニズムである。シングル・オーナー・キャプティブは独立した法人であり，そのメカニズムにまつわる取引，すなわち，保険料，保険金，将来の支払に備えた引当金（準備金），一般経費などは，通常の法人と同様にP/LあるいはB/Sに計上され，保険料・保険金（P/L）が未処分利益＋負債（B/S）に変換されるのである。そして，その結果はグループの財務諸表に連結される。つまり，オフバランスな経済価値が，その金額の妥当性は別として，オンバランスな経済価値として目に見えるようになるといえる。

一方，保護セルは，費用性資金を対外的にはオフバランスのまま資本性資金に変換するためのツールといえる。上記と同様の変換過程・結果は内部資料として個別に管理できるものの，表向きには支払保険料と受取保険金のP/L取引と受益証券の少額簿価がグループの財務諸表に計上されるだけで，ファイナンスの実態が自社グループの財務諸表には反映されない。むしろ，オフバランスのまま資金蓄積ができる点が最大のメリットである。個人富裕層や非公開企業に向いているといわれるゆえんである。

保護セルに対してネガティブな印象ばかりではアンフェアなので，ポジティブなコメントもしよう。

　一定のトリガー（保険事故をもたらすような災害の度合いを表すインデックス）に合致したら返済が免除されて保険と同様のヘッジ効果を発揮する保険リンク債券（Insurance Linked Securities；ILS）の発行には保険取引と金融取引を媒介する導管（Conduit）あるいは特別目的会社（Special Purpose Vehicle；SPV）が不可欠である。別途認可を受けたSPVキャプティブがその役割を担う。

　ただし，ILSは3〜5年という比較的短期間で終了するため，そのつどSPVを設立するのは煩雑かつ経費が嵩む。そこでSPVの代替形態として活用されるのが保護セルである。PCCやICCには倒産隔離機能が備わっているため，SPVとしての機能を十分に果たすことができる。また，既存の保護セル・キャプティブを活用するので，ILSの取引全体を完了する時間短縮にも貢献できる。

　ILSの新規発行額は，ここ数年，前年を上回っており，再保険市場のキャパシティ源泉となりつつある。Marshにおいても，ILS発行者の利便性に寄与することを目的とした保護セル・キャプティブを所有している。

どのようにして
キャプティブへリスク
を移転するのか

第 3 章

1 自家保険に必要な資金をやりとりするための仕組み

　本章では，キャプティブにリスクを移転して自家保険する仕組みを説明する。

　通常の保険取引では会計上の損害リスクが自社から保険会社に移転されるのと同様，キャプティブと直接，あるいは間接の保険取引によって，会計上の損害リスクが自社からキャプティブ保険会社に移転される。ただし，キャプティブはグループ子会社なので，連結すればリスクは内部に留まる。これがキャプティブを活用した自家保険である。

　キャプティブ自家保険は，単純自家保険と対比すれば，保険会社という形態を利用して自家保険に必要な資金をキャプティブにあらかじめ移転しておき，必要に応じて保険損害への支払に回す仕組みである。あらかじめ移転させる資金の形態は資本金（資本取引）と保険料（損益取引）である。資本取引と損益取引については第5章で改めて詳述する。

- 所要資本金を出資してキャプティブを設立する
- 自社グループの保険リスクをキャプティブが引き受け，その対価として保険料を移転させる
- 保険事故が生じたら，キャプティブの資金でそのコストを賄う
- キャプティブの資金が不足したら，増資を行う

　【図表3－1】のように，キャプティブ自家保険は，資金A（保険料）と資金B（資本金）をキャプティブに拠出し，後からその資金を引き出して損害を賄う。会計上は前者が損益取引，後者は資本取引と区別するが，ファイナンス

的には区別する必要のない自家保険用資金という点をしっかり理解しなければ，キャプティブを事業子会社と同列に扱う誤解ループにはまる。一方，単純自家保険は，用途が区別されていない資金で，損害を賄うのが一般である。

【図表3-1】　キャプティブ自家保険は単純自家保険と資金フローが異なるに過ぎない

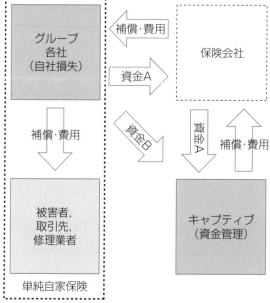

リスクをキャプティブに移転する経済的に最適なスキームはキャプティブとの直接保険取引（元受キャプティブ）だが，キャプティブが保険リスクを引き受けるという点を，リスクの所在地（キャプティブの利用者＝被保険者）の所属国・地域から見ると，キャプティブが当該国・地域で引受認可を得ていない保険会社に該当するため，そのようなリスクをキャプティブが直接引き受けることができるケースは限られている。例えば，本邦保険業法も，日本に所在するリスクを有する居住者と保険契約を交わすことができるのは日本で認可を得た保険会社のみと定められている。ただし，本邦保険業法においてもキャプティブと直接保険契約を取り交わせる余地がある点について，第10章で解説する。

　一般的に，保険会社が域外直接契約（契約者・リスクと保険会社の所在する国・地域がそれぞれ異なる契約）を交わすことができる保険種目は海上貨物保険，航空貨物保険，船舶保険，航空保険など，国際間取引を前提とした契約に

付随する保険種目に限られている。これらの種目は伝統的に域外直接契約が行われてきた商習慣があるため，ほとんどすべての国の保険業法において域外直接契約が可能となっているのである。また，再保険全般も，国際間取引を前提としていることと，取引主体を保護（規制）する必要性がないという理由で，域外直接付保が可能である。それ以外の契約は，域内で認可を得ない限り保険引受ができないのが原則である（現地付保規制）。

このため，親密損害保険会社との関係性を慮る結果，日本企業のキャプティブ自家保険は，元受保険会社が一時的にリスクを引き受けるのと同時に，国外（域外）取引に認可が不要な再保険契約（保険契約自体の保険取引）を通じて，キャプティブが間接的にリスク引受を行うスキーム（フロンティング・スキームもしくは再保険キャプティブ）となることが多い。実際に保険事故が発生した場合，元受保険会社が保険金を立て替えて被保険者あるいは被害者に支払い，改めてキャプティブからその金額を回収することで，キャプティブが損害の最終負担者になるというスキームである。

一方，フロンティング・スキームにおいて元受保険会社からキャプティブへ保険リスクを移転させることは，元受保険会社においてキャプティブからの再保険金回収不能リスク（信用リスク，カウンターパーティー・リスク）を生じさせる。通常の再保険取引においてもこのような保険リスクと信用リスクのスワップという要素はあるが，元受保険会社にとっては保険リスクのヘッジという意味合いが強い。これに対して，キャプティブとのフロンティング取引では保険リスクと信用リスクのスワップという点が最大の関心事項となる。この信用リスクが，「元受保険会社から見た」キャプティブの所要資本金額，再々保険，他の信用補完手段の有無の妥当性を決めるともいえるのである。

【図表3-2】　元受キャプティブと再保険キャプティブ（【図表2-1】再掲）

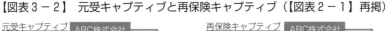
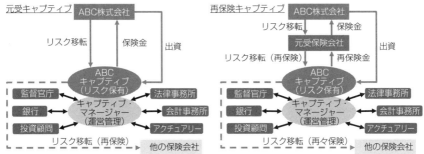

2 再（々）保険の種類

　ここでは，フロンティング・スキームで頻繁に見られるキャプティブの再保険取引の種類について簡単に説明する。キャプティブ自家保険には再保険や再々保険というあまり馴染みのない用語が出てくるが，それらの仕組みを詳細に理解する必要はない。それらは保険会社が資金をやり取りするための金融取引と理解していれば十分である。再保険ヘッジを複雑に組み合わせることが「先進的な」プログラムだと勘違いする場合も多いが，複雑なシステムほど外部からの影響に対して脆弱である。経験豊富なリスクマネージャーやプロフェッショナルなアドバイザーほど，再保険ヘッジを極力使わない，キャプティブだけで完結するシンプルなプログラムを志向していることは明記しておきたい。

　再保険は元受契約を引き受ける保険会社とそれ以外の保険会社との間の取引，再々保険は再保険を引き受けた保険会社とそれ以外の保険会社との間の取引という点で異なるが，「保険会社同士の取引」という点において全く同じものである。

【図表3－3】　フロンティング・スキームはキャプティブによる再保険引受で実現する

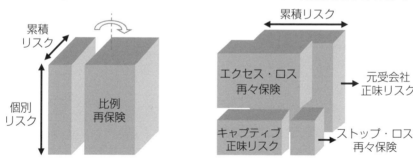

元受契約全体の一定割合をキャプティブが再保険引受をする

再々保険を使ってキャプティブのリスクを自社許容量まで圧縮する

2.1．クォータ・シェア（比例）再保険

　フロンティング・スキームには，比例再保険が必須である。

　各国ごとに営業認可を受けた商業保険会社を元受保険会社（フロンティング・カンパニー）として選び，元受保険契約の一定割合をキャプティブが再保

険として引き受ける。比例再保険は共同保険と同様，元受保険会社が引き受けたリスクを引受割合に応じて分担し，その見返りとして引受割合に応じて元受保険料をシェアする。あわせて，元受保険会社が支払った代理店手数料も同様に分担する。さらに，キャプティブはオーバーライダー（Overrider Fee）として，元受保険会社にフロンティング・サービス（キャプティブに代わって保険料収受，証券発行，クレーム処理を代行すること）の対価を支払う。この対価は比例再保険料の一定割合となることが多いが，定額での取引も可能である。

　日系損保の場合，サービス対価ではなく，自社のヘッジ目的再保険取引と同じ水準のオーバーライダー率を要求することが多く，出再保険料が高額な場合には割高になりうる。また，すばやい資金決済を含めた国際的なフロンティング・サービスに長けていない場合がある。

　これに対して，国際的なフロンティング・サービスを売り物にしている外資系損保がわが国にも複数社存在する。これらの保険会社は，サービスの内容とキャプティブ所有者の信用力に応じてフィーを算出することが一般的である。

　なお，本形式は，キャプティブからリスクを移転させる場合にも使うことができるが，一般的ではない。

2.2．エクセス・ロス（超過損害額）再保険

　エクセス・ロス再保険はその名のとおり，一回の事故で損害が一定額を超えない限りは自己負担となり，一定額を超えた場合には，その超えた部分を保険金額までカバーする契約である。元受保険であれば，高額免責が設定されたカバーあるいはレイヤー化した場合のエクセス・レイヤーに相当する。また，通常は「一事故当たりのカバー」なので，複数事故による保有損害が累積しても本再保険は発動しない。

　「元受契約の条件を全く変えず，再々保険に依存したスキーム」を採用した場合には，好ましい条件で本形式の再保険をアレンジできるかどうかがスキーム成否のカギを握る。一方，「ファイナンスを効率よく行うためのスキーム」では，元受プログラムにおいてレイヤー化を施すので，本形式のアレンジは不要である。

2.3．ストップ・ロス（累積超過損害額）再保険

　複数事故による保有損害が累積し，その総額が想定以上に多額となる場合が

ある。保有したリスクの累積額が，ある一定額を超過した場合，その累積超過損害額（通常は１年間の累積損害）をカバーする保険をストップ・ロス再保険と呼ぶ。

　あまり指摘されることはないが，ストップ・ロス再保険の本当の意義は，キャプティブの資本金を保護することにある。ストップ・ロス再保険は，キャプティブの単年度赤字を補塡するためのカバーという性格が強い一方，十分な保険料ボリュームはあまり期待できない，つまり商業ベースに乗りにくいので，アンダーライターもストップ・ロス単体の引受には極めて慎重である。したがって，良績となりそうなエクセス・ロス再保険とのバーターでアレンジすることが多く，相対的な割高感は否めない。

　ところで，ストップ・ロス再保険を買う誘惑にかられるのは，キャプティブが赤字になるのは困る，キャプティブへの出資金が毀損するのは困る，あるいは，キャプティブへ追加出資するのは困るという思い込みが原因である。その思い込みは，単純自家保険であれば本来は問題とならないにもかかわらず，キャプティブを収益目的の事業子会社に位置づけているという点に起因する。

　キャプティブを収益目的の事業子会社に位置づけることがいかに誤った判断をもたらすかについては，第５章で改めて論じる。

　次節において，実際のスキーム例を簡単に説明する。

③ リスク許容額を超えた保険金額を再保険ヘッジで調整するスキーム

　これは，元受契約の条件を全く変えずに，その一定割合を共同保険と同じような形態でキャプティブが引き受け，再保険ヘッジで自社のリスク量を調整するスキームである。かつて多くのキャプティブが採用していた引受スキームであり，今日でもWebなどで頻繁に語られるスキームでもある。既存保険会社や機関保険代理店に阻まれて容易に参入できない保険会社やブローカーにとって，キャプティブ・スキームを通じて再保険取引を獲得することができる下記スキームは特に魅力的だったからである。

　このようなスキームの大半は自社のリスク許容額ではなくキャプティブのリスク許容額という本末転倒な要素を念頭に置くことが多い。次節で述べるスキームと比較すると，自家保険効率の悪い手法といえる。単純自家保険と同様の引受スキームから離れるほど，自家保険効率は悪化し，スキームは脆くなる（長続きしにくくなる）のである。ただし，海上貨物保険のように個別リスク（個別輸送高）に免責金額を適用しにくい保険種目においては，他の選択肢よりも本スキームのほうが現実的な選択となる。

【図表3－4】　元受契約の条件を全く変えず，再々保険に依存した引受スキーム

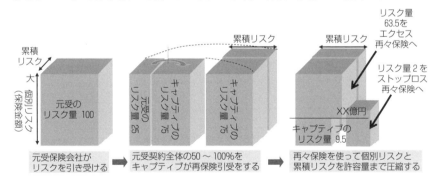

> A. キャプティブの保有限度額とは無関係に元受保険契約が締結される
> （例）保険金額100億円の火災保険
>
> B. 比例再保険（Quota Share Reinsurance）契約に基づき，元受保険会社が引き受けたリスク全体の50〜100%をキャプティブが分担する
> （例）75% Q/S再保険を交わしてキャプティブがリスク（保険金額100億円）の75%を引き受ける
>
> C. キャプティブは一事故当たり一定額の損害を保有し，超過する部分をエクセス・ロス再々保険（Excess of Loss Reinsurance）でリスク量を調整する
> （例）上記75億円までの責任額について，9.5億円超66.5億円（100%換算で12.67億円超87.33億円）／一事故のELC再々保険でキャプティブの一事故損害を正味9.5億円に制限する
>
> D. 個別保有損害額の年間累計が一定額以上にならないよう，ストップ・ロス再々保険（Aggregate Excess of Loss Reinsurance）でリスク量を調整する
> （例）上記正味9.5億円までのリスクが集積した場合に備えて，9.5億円超2億円／年間のSLC再々保険で年間総額も9.5億円に制限する

　本スキームの長所（といえるかどうかは疑問だが）は，従来の元受保険スキームを変える必要がないという点に尽きる。一方，この従来と変わらないという点が，自家保険をしていることをグループ内に浸透させにくい弊害を生むことも事実である。新しい戦略を導入するのに，表向きは何も変えないという手法にはやはり限界があるということだ。本スキームの短所は次のとおりである。

(1)　**低額損害も高額損害も同じ割合でしか保有できないので資金効率が悪い**
　元受保険金額が100億円のリスクについて，10億円までの損害を許容できる場合で考えてみよう。
　再々保険を手当てしなければ，元のリスクの10%がキャプティブの保有リスク（と保険料）である。しかし，実際の損害が1億円だった場合，責任割合が10%なので1千万円しか負担できないことになる。これはグループとしては全額自己負担できるにもかかわらず，従来と同様の保険を90%分購入し続けなければならないのと同義である。これは，キャプティブ元受や保険契約に高額免

責金額を設定する場合も同様である。割合ではなく金額で免責金額を設定しなければリスクコストの削減にはならない。

自家保険効率を高めるためには，受再割合を増やさなければならず，自社のリスク許容額を超えるようならば再保険ヘッジでリスク量を調整しなければならない。実損害1億円の負担割合が右図のように50％に高まれば5千万円しか負担できないとはいえ効率性は改善する。しかしながら，

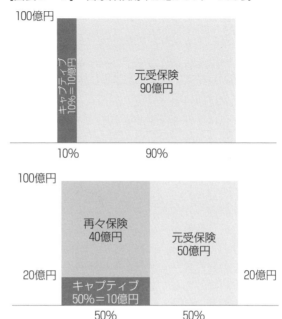

【図表3－5】 自家保険効率が悪いスキームの例

再々保険への依存度が高まると，親密損保との関係が大きく変わってしまいかねないばかりか，経済合理性の点でも割高なスキームになりやすい。

(2) 出再してもらう元受保険会社自身のキャパシティを活用できない

本スキームで保有効率を高めるためには，再々保険の購入量を増やすしかない。しかし，いったん出再したリスクの全部あるいは一部を再々保険の形で受け戻す取引は，ほぼすべての日系損害保険会社が拒否している。出再割合を高めることは，親密保険会社の潤沢なキャパシティを放棄して，それ以外の保険会社から保

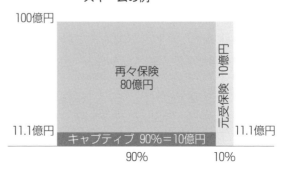

【図表3－6】 親密損保のキャパシティを使えないスキームの例

険を買うことを意味する。それが親密保険会社との関係を悪化させ，場合によっては出再に応じてもらえないというジレンマを生み出すことにもなりかねない。結局，不十分な自家保険効率で妥協しなければならなくなるのである。

(3) 変動しやすい再々保険市場に大きく依存しているため，スキームの永続性に欠ける

　日系損保は海外再保険市場に比べてレートやキャパシティが良くも悪くも安定している。特に，マーケットがソフト（レートが相対的に安い状態）からハード（同，高い状態）に移った時，元受保険の条件は変わらないにもかかわらず，再々保険料レートが高騰したり，キャパシティが縮小したりすることがしばしば起こる。親密保険会社の潤沢なキャパシティを放棄して再々保険カバーを買おうとしても，キャプティブの正味保険料が逆ザヤになったり，必要とする再々保険キャパシティを確保できなくなったりする。その結果，キャプティブは引受停止を余儀なくされる。リスクコスト削減を目的とした自家保険戦略を継続できなくなるということである。なぜならば，元受保険スキームは従来どおりなので，不要な部分を含む保険スキーム全体をキャンセルすることはできないからである。

(4) 元受保険会社が共同引受をしている場合，管理が煩雑になる

　共同保険契約をキャプティブに出再してもらう場合，各保険会社と個別に出再契約を結ばなければならない。当然，条件交渉・変更交渉も各社それぞれと行い，決済もそれぞれ個別に行わなければならないのである。これは単純にキャプティブの事務工数を増やすため，運営コスト増となる。また，幹事会社と非幹事会社それぞれから出再する場合，非幹事会社からの資金移転タイミングが少なくとも1か月遅延する。

　資本コストという概念に馴染みがないとピンとこないかもしれないが，例えば，キャプティブから自社グループのキャッシュ・マネジメント会社への貸付がさらに予定されている場合を想像すれば，これらの遅延がコスト増要因であることは容易におわかりいただけるだろう。

　通常の保険取引であれば，共同保険から生じる決済タイミングのズレは非幹事会社の問題であって，自社が気にする必要はない。しかし，自家保険スキームの効率的運営という観点からは，共同保険は無駄以外の何物でもないのであ

る。

(5) 元受保険会社と再々保険会社のそれぞれと交渉しなければならず，意思決定に手間とコストがかかる

単純自家保険と比較すると，キャプティブ自家保険は自社の意思決定だけでは実現できない。まずドミサイル当局の認可を受ける必要がある。並行して，フロンティングが必要ならば元受保険会社とその可否を交渉しなければならない。特に元受保険会社が自社の顧客だったりする場合は，自社の営業セクションの理解も取り付けなければならない。さらに，再々保険ヘッジが必要ならば，それも行わなければならなくなる。

元受保険者との交渉だけでも容易ではない状況で，さらに再々保険者との交渉が必要になると，それぞれの立場は独立しているため，あちらを立てればこちらが立たずということが容易に起きる。場合によっては，キャプティブ自家保険を放棄させる意図を持った元受保険会社が，意図的に保険料を値引きして再々保険との逆ザヤ状態にすることもある。あるいは，どれほどいいリスクであっても，商業ベースに乗らないほど小さい再保険料の再々保険ヘッジは実現できない。

再保険マーケットへ直接アクセスすることが可能となる点がキャプティブを活用するメリットの1つだといわれる。しかしながら，国際保険ブローカーを活用すれば，通常の保険プログラムを構築する際に再保険マーケットへ直接アクセスすることは可能である。キャプティブを維持していくには決して安くないコストや機会損失が発生するため，再保険マーケットへのアクセスだけのためにキャプティブを活用するのは割に合わないことが多いと理解すべきである。

4 ┃ 自家保険を効率よく行うためのスキーム

　元受保険プログラムの保険リミットが巨額になる場合，保険リミットを複数のレイヤー（階層）に分け，数億円～数十億円程度までの低額損害に対応するレイヤーと，それを超える高額損害に対応するレイヤーに分けて保険プログラムを設計することが一般的である。前者はワーキング・レイヤー（Working Layer）またはプライマリー・レイヤー（Primary Layer）と呼ばれ，後者はエクセス・レイヤーと呼ばれる。

　本スキームは，自社のリスク許容額に等しい保険金額のプライマリー・レイヤーをキャプティブで自家保険する単純なものである。元受契約の高額免責金額に該当する損害を自社で自家保険する代わりに，キャプティブで自家保険するのである。キャプティブの活用という点で先んじている欧米企業のキャプティブは，このプライマリー・レイヤーを引き受けるスキームが主流であり，筆者も積極的に推奨している。

【図表3－7】　自家保険効率にも優れ，再々保険に依存しないスキーム例

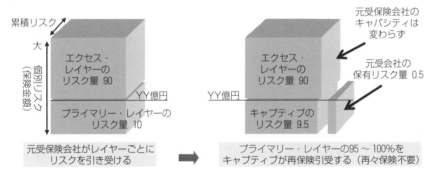

A．自社の保有限度額を決め，その金額をプライマリー・レイヤー限度額とした，階層化された元受保険プログラムを設計する（プライマリー・レイヤーは共同保険にはしない）

（例）保険金額10億円（プライマリー）と保険金額10億円超90億円の火災保険
　　　（エクセス）

B．エクセス・レイヤーについては元受保険会社だけでなく，必要に応じて他の
元受会社との共同保険や再保険会社の保険引受余力（キャパシティ）を活用
して，ヘッジコスト削減に努める

C．プライマリー・レイヤーのみを比例再保険契約に基づいて95〜100％引き受
ける
（例）プライマリー・レイヤーの元受保険会社と95％Q/S再保険を交わして，
キャプティブが10億円までのリスクのほとんど（95％）を負担する

D．キャプティブにストップ・ロス再々保険が必要な場合には，ドロップダウン
条項等を駆使して元受保険スキームに織り込むことで，キャプティブの再々
保険手当てを不要にする

　なお，欧米企業のキャプティブの多くは，キャプティブ自家保険のためにレイ
ヤー化することはせず，通常の高額免責金額を設定して，その免責金額内の
損害を並行的に補償する保険契約（Corporate Deductible Program）をキャプ
ティブが直接引き受けるフロンティング・フリーのスキームを採用している。
Corporate Deductible Programの利点は，個別契約の免責金額あるいは種目横
断する免責金額を包括して引き受けることができることである。わが国におい
ても，その気になれば約定履行費用保険でCorporate Deductible Programと同
様のものを実現できると考えられる。

　元受契約を変更せず，その代わりに再々保険を複雑に組み合わせるほど，そ
れらに付随するコストが増加するため，単純自家保険との比較で経済的なメ
リットがさらに小さくなる。反対に，キャプティブ・スキームは保有とヘッジ
を容易に切り分けられるようなシンプルなものであればあるほど，保険会社や
仲介業者のメリットが減少し，ユーザーのメリットが増加するのである。

　本スキームのメリットは，「3　リスク許容額を超えた保険金額を再保険
ヘッジで調整するスキーム」で指摘した問題点をほぼ解決できることである。
特に，次の3点を強調したい。

(1) 低額損害を自社のリスク許容額まですべて自家保険できる

　10億円までの損害を許容した場合，10億円までの損害はその大きさにかかわ
らずその95％あるいは全額を自己負担できる。また，それを超える高額損害に
対しても，エクセス・レイヤーが正しく設計されている限り，10億円で自己負

担がストップする。

(2)　変動しやすい再々保険市場に依存せず，親密損保との関係性を良好に維持できる

自社のリスク許容額とキャプティブの責任金額を（ほぼ）等しくできるため，再々保険を買う必要がない。また，ヘッジ先としての親密損害保険会社の位置づけがより明確になる。出再先の損保を1社に絞ることで，リスクヘッジではなく，金融サービスを提供している自覚を当該損害保険会社に促すことができるからである。

(3)　キャプティブに必要な保険料だけを移転して，受再保険料に係るオーバーライダーを減額できる

フロンティング・スキームである限り，受再保険料に比例した再保険手数料というフィーを元受会社へ支払わなければならない。ただし，本スキームの場合には再々保険料分だけ受再保険料が小さくてすむので，他の条件が同じならばオーバーライダーを減額できる。

グロス保険料400百万円に対して再々保険料80百万円，正味保険料が320百万円に相当するリスクをキャプティブで自家保険する例で説明しよう。元受プログラムを変更して，エクセス・レイヤーの80百万円（保険料A）とプライマリー・レイヤーの320百万円（保険料B）に分割し，プライマリー・レイヤーだけをキャプティブで自家保険するとすれば，正味リスクはどちらも同じである。また，エクセス・レイヤーだけ保険手当をすれば単純自家保険スキームになる。

再々保険ありのスキームの場合，再保険手数料は80百万円（対保険料Bの20％と仮定）だが，再々保険なしのスキームは手数料が64百万円に減額される。

【図表3-8】　再々保険を前提としなければ，再保険手数料が割安となる例

	キャプティブ自家保険 （再々保険あり）		キャプティブ自家保険 （再々保険なし）		備考
保険料A	¥　　　　　-	¥　　　　　-	¥　80,000,000	¥　80,000,000	
保険料B	¥400,000,000		¥320,000,000		
再保険手数料	-¥　80,000,000	¥　80,000,000	-¥　64,000,000	¥　64,000,000	20.00%対保険料B
再々保険料	-¥　80,000,000	¥　80,000,000	¥　　　　　-	¥　　　　　-	
外部流出保険料・手数料合計	¥160,000,000		¥144,000,000		
差額			-　16,000,000		

この条件では，どちらも同じ保有リスクに対して同じ保有損害額だが，再々保険なしのスキームのほうが16百万円多くコストを削減できるという例である。

かつての本邦CFC税制であれば親会社の実効税率とキャプティブの実効税率の差で上記差額をある程度埋めることができる余地があったが，現在のCFC税制ではそのような税率差は原則として塞がれている。したがって，自社のリスク許容額以上のリスクをいったんキャプティブで引き受け，再々保険ヘッジでリスク量を調整するスキームは時代遅れなだけでなく，経済合理性の観点からも非合理的なスキームとなる。

 ## コラム① キャプティブ再（々）保険の手配の話

キャプティブは本来，企業が自分たちでリスクを保有することを目的として設立されるが，設立時の経緯もあり，そのリスクの一部を外部に出すことを望まれるお客様がいる。再保険の中でもニッチなスキームである。再保険ブローカーとしてお客様をサポートすべく，保険会社と交渉を始めるが，しばしば難航しがちである。

最初の被保険者と最終の保険の引受手の間に複数の誰かが入ると出再手数料等が発生するため，最終の引受手となる保険会社への支払保険料が漸減してしまうか，最初の被保険者の負担する保険料が漸増してしまう。保険レートが上がるマーケット環境下では，お客様にとって満足のいく保険料を維持しつつ，キャプティブの後方で保険を引き受けてくれる保険会社を手配することが難しくなっている。

しかも再保険全般の傾向として事業会社が持つリスクは分担して引き受けるのが通例で，引受先は数社から十数社必要になる。海外には再保険専門の保険会社があるほか日本の保険会社にも再保険を引き受ける部門があり，ソフトなマーケット環境下では引受先が潤沢にあったが，現在は利幅の薄いキャプティブ再（々）保険引受自体を行わない方針の保険会社もある。

そうした環境の中で引受先を探さなければならない。再保険全般の特徴として，引受先となるのは海外の保険会社が多い。主流はロイズで，他にシンガポールや中東のドバイのマーケットなどがある。再保険ブローカーは海外オフィスと協力し，年に数回はお客様の案件の説明会に同行して海外の保険会社の前で案件の紹介をする。

年に一度の契約更新の時期は，海外オフィスのネットワークや保険会社との長年の関係をフル活用し交渉に臨む。更新前日まで引受先が十分に集まらずヒヤヒヤさせられることもたびたびだ。無事に集まった場合は一安心であるが，次年度も集まる保証はなく，毎年タフな交渉が求められる。

（西山　綾）

なぜ自家保険に
キャプティブを活用
するのか

第 **4** 章

1 キャプティブ自家保険と単純自家保険の違い

　キャプティブ自家保険と単純自家保険の目的は，リスクコストの削減という点で同じである。

　単純自家保険は，主として損害保険で対応できるようなリスクに対する将来の損失を事前に計量化あるいは事前想定し，損害発生のつど，一定の金額まで自己資金から賄う。つまり，損害が発生したら自社あるいは該当子会社の自社勘定で処理するだけである。その目的は，リスクの全部あるいは一部を意図的に自己負担することでリスクコストを圧縮することにある。

　一方，キャプティブ自家保険は，上記想定に基づいた事前の資金計画を行い，自家保険リスクに相当する資金，すなわち資本金と保険料をキャプティブに移転して，損害発生のつど，一定の金額までキャプティブの資金勘定から賄う。内部引当てによる自家保有ではどうしても不明瞭になりがちなリスクコストに対する会計処理を，別法人としてキャプティブを設立することにより，より明確な形で理解・処理することが可能になるという定性的な違いがあるだけで，目的は単純自家保険と同じである。

　ただ，その形式面の違いが，実はキャッシュ・フローの違いや経費の有無となり，最終的には自家保険による保有損害を含めたトータルコストの経済的な違いに反映される。したがって，キャプティブ自家保険と単純自家保険のどちらがコスト的に有利かどうかは，リスクの性質，資金計画，税務方針，評価軸など，様々なパラメータ・要因によって異なってくる。

　キャプティブ自家保険は単純自家保険よりも経済的に不利となることは間違いない。これから説明するキャプティブの維持コスト（運営コスト＋フリク

ションコスト）だけでなく，コーポレートファイナンスの観点で重要な要素である機会損失が避けられないからである。機会損失は第 8 章で詳細に説明する。

　単純自家保険よりも経済的に不利であることが自明にもかかわらず，自家保険にあえてキャプティブを活用するのは【図表 4 － 1】のような明白な理由があるからである。筆者の経験では，自家保険そのものの経済合理性を理解してもらうことは比較的容易だが，キャプティブ自家保険の経済合理性はなかなか理解してもらえない。しかし，その理解がなければ，キャプティブ自家保険を実現することはできない。

【図表 4 － 1】　キャプティブをあえて活用する目的の組み合わせ

キャプティブを必要とする理由	キャプティブ活用の目的							
	1	2	3	4	5	6	7	8
自家保険部分の「保険」の作り付け（付保証明・契約上）	(はい)	(はい)	(はい)	いいえ	(はい)	いいえ	いいえ	いいえ
海外子会社を含めた自己負担額の最適化	(はい)	(はい)	いいえ	(はい)	いいえ	(はい)	いいえ	いいえ
自家保険ファンドの区分管理・ガバナンス対応	(はい)	いいえ	(はい)	(はい)	いいえ	いいえ	(はい)	いいえ
キャプティブの活用意義	不可欠	不可欠	不可欠	不可欠	不可欠	不可欠	不可欠	なくてもよい

　逆にいうと，上記に該当しないものは，キャプティブをあえて活用する理由にならない。実際，キャプティブを活用するメリットとされていることの多くは，キャプティブでないほうがむしろ割安だったり，キャプティブとは無関係な場合が多い。例えば，保険料削減は自家保険の結果であり，再保険市場へのアクセスは国際的な外資系保険ブローカーを起用すれば足り，付保情報の収集は自家保険実施にあたって社内に積極的に働きかけた結果であって，キャプティブ自家保険の成果ではない。フロンティング・スキームで元受保険会社から入手可能な情報は再保険取引に関する経理・決済情報にすぎないのである。キャプティブが本当に必要となる理由を具体的に見てみよう。

2　キャプティブ自家保険はビジネスの要請をより多く満たす自家保険手法である

　経済的に不利であっても，ビジネスの要請をより多く満たす自家保険手法がキャプティブ自家保険だといえる。単純自家保険では【図表4－2】のようなジレンマに直面するため，自家保険の導入自体を諦めざるを得なくなることが多いからである。

【図表4－2】　単純自家保険では克服できない典型的なジレンマ

ジレンマ1-1：商取引上の要請により，自己負担できるリスクの保険をわざわざ買う
－　通関や決済などに海上貨物保険の付保証明書が必要 　－　取引相手を第三者から免責するために，賠償責任保険加入が義務づけられている
ジレンマ1-2：保険会社独自のサービスを利用するため，自己負担できるリスクの保険をわざわざ買う
－　与信情報を得るために，取引信用保険を買う 　－　サイバーリスク対応のアドバイスを受けるために，サイバー保険を買う
ジレンマ1-3：保険会社にペイバッグするため，自己負担したほうがいいリスクの保険をわざわざ買う
－　高額保険金事故が発生した年の翌年以降の保険レートは，更新できても大幅に上がることが多い 　－　リスクコントロールが徹底されるので，リスク状況は事故前よりもむしろ改善されていることが多い
ジレンマ2：グループ各社が所在する国・地域における固有の保険規制
－　多くの国では海外付保規制があり，1つの契約で全世界を網羅するのは難しい 　－　各国の免責金額が集積してグループ許容額を超えるリスクに対処しにくい
ジレンマ3：グループ最適と個別最適の衝突
－　グループ最適の免責金額が個別事業子会社にとっては過大

2.1.　自家保険できるのにわざわざ保険を買うというジレンマを解消できる

　商取引あるいは行政上の要請により，自己負担できるリスクであっても保険を買わなければならない場合がしばしばある。これは自家保険戦略と相反する要素である。例えば，通関や決済などに海上貨物保険の付保証明書が必要なケースや，取引契約において商品・製品から起因する第三者への賠償責任について取引相手を免責するために賠償責任保険への加入が義務づけられているケースがこれに該当する。単純自家保険で対応するには，契約書の条件を変更したり，相手方へそのつど説明が必要となったりするなど，ビジネスの実態に合わないことがしばしばある。

　また，取引信用保険やサイバーリスク保険のように，保険ヘッジではなく保険会社の付加サービスが必要なので保険カバーを購入している場合がある。保険会社が有料でサービスだけを提供してくれればいいのだが，クレーム処理サービスも含めて，わが国では保険会社が個別サービスを有償提供するビジネスモデルになっていない。

　一方，リスク状況が大きく改善したにもかかわらず，過去の大口損害支払を名目にされて保険レートが高止まりする場合への対処はやや特殊な例である。

　いずれにせよ，単純自家保険ではこのようなジレンマは解消できない。

2.2.　グローバルプログラムの技術的限界というジレンマを解消できる

　グループ各社が所在する国・地域には，それぞれ固有の保険規制が存在する。わが国を含む多くの国では，域内で免許を持たない保険会社（以下「外国保険会社」という）と居住者は，域内リスクに対応する保険契約を締結することが保険業法で原則禁じられている（キャプティブは例外とされる場合もある）。このため，各国を跨るようなグループ共通の単体保険カバーでプログラムを構成することは，技術的に困難だったり，割高になったりすることがある。例えば，自社のリスク許容額に相当する免責金額を設定した保険証券を複数の国で発行しなければならない場合，それぞれの免責金額は独立しているので，それらのいくつか，あるいはすべての国で同時に損害が発生した場合，保険証券の数だけ免責金額内の損害額累計が自社のリスク許容額を超えてしまうおそれも

ある。そうかといって，個別契約の免責金額を下げると，リスクコスト削減の目的と反することになる。

【図表4－3】 グローバルプログラムで免責金額の集積額がグループの許容量を超えるジレンマ

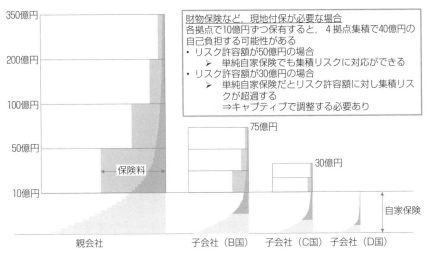

財物保険など，現地付保が必要な場合
各拠点で10億円ずつ保有すると，4拠点集積で40億円の自己負担する可能性がある
・リスク許容額が50億円の場合
 ➤ 単純自家保険でも集積リスクに対応ができる
・リスク許容額が30億円の場合
 ➤ 単純自家保険だとリスク許容額に対し集積リスクが超過する
 ⇒キャプティブで調整する必要あり

そのような場合，高額免責金額に相当するプライマリー・レイヤーを設定して，あるいはCorporate Deductible Programで免責金額内の損害を保険化して，それらの保険契約をキャプティブで直接（元受け）あるいは間接的（フロンティング）に引き受けた後，キャプティブの再保険ヘッジでリスク量を自社のリスク許容額に収まるように調整すれば，ジレンマを解消できる。

2.3. 社内の個別最適と全体最適の対立というジレンマを解消できる

　グループ全体の合理的な自家保険ニーズとグループ全体から見れば不要と思われる個別部門の付保ニーズを調整できる。各国子会社の財務規模と親会社の財務規模は相対的に後者のほうが大きいため，グループ最適を満たす免責金額やカバー内容が，個別事業子会社にとっては不合理な内容と受け取られてしまうことがある。これは，子会社の財務規模から生じた問題というよりは，その業績（特に年間利益）に責任を負っている担当者の人事評価の問題というべきかもしれないが，結果的として，従来どおりの保険カバーを買い増すことにつ

ながり，リスクコスト削減の目的と反することになる。

　この場合，キャプティブが個別会社のリスクを肩代わりしてグループ共通の免責金額プールとなるような役割を持てば，全体ニーズ（リスクコストの最適化）と個別ニーズ（保険ヘッジ）を同時に満たす自家保険スキームを構築することがより容易になる。このような柔軟性は単純自家保険プログラムでは得られない機能である。

2.4．自家保険ガバナンスの向上と自家保険リスクのオンバランス化

　キャプティブは，自社の長期コミットメントを示す取締役会や経営会議の決議の写しをドミサイル当局に示して認可を受け，経験と資格を有するキャプティブ・マネージャーがその運営に携わり，望むと望まざるとにかかわらず，年度末の準備金や資本金の水準が適正かを会計監査や業務監査でチェックされるエンティティである。つまり，キャプティブ自家保険は専門家の監視の下で行う正式なリスクファンディングである。

　「リスク」という言葉は，リスクマネジメントにおいて「損失発生の可能性」と定義される。そして，「損失」とは企業会計においては損益計算書すなわち企業オペレーションのフローとして表現される。一方，「可能性」は，たとえるならば「未実現評価損失」に相当し，貸借対照表に影響を与えるものである（複式簿記の効果として損益計算書にも影響を与える）。

　損失，保険料，保険金は損益計算書アイテムなので，これらだけではその裏に隠れている「可能性」を会計的に表現することはできない。「コスト削減」という損益計算書に直接関わることを目的としながらも，リスクファイナンスにおいては，ストックとしてのリスク，リスク・ポートフォリオ，あるいはリスク資産という言葉のとおり，資産あるいは負債としてリスクを見るというバランスシート的発想が強く求められている。国際財務報告基準（IFRS）や米国会計基準（USGAAP）だけでなく，本邦会計基準（JGAAP）や有価証券報告書においても具体的なリスク情報の開示要請が強まっている。バランスシート的発想の必要性やリスク開示要請は強まることはあっても弱まることはない。

　キャプティブは，個別財務諸表によって明らかにされている資本金と準備金の総額すなわち総資産のほとんどが自家保険リスクの経済価値を表していると（一応）いえる。一方，単純自家保険は内部留保，経常キャッシュ・フローあ

るいは事故後調達資金が原資となるため，リスクファンド（リスクを賄うのに必要な資金）を対外的には切り分けられない。そもそも会計基準で経済価値を正しく表現できるかは議論の余地があるとしても，単純自家保険と比べて保険リスクの経済価値を会計上オンバランスにできるのは，キャプティブ自家保険だけである。

3 ┃ キャプティブの維持コストは埋没コストかもしれない

　独立した法人であるキャプティブの運営には，マネジメント・サービスを中心とした運営コスト（固定費用），保険料ボリュームに比例した再保険手数料（比例費用）など，実額としての維持コストがかかる。しかしながら，維持コストがかかるから単純自家保険よりも資金効率が悪いと即断するのは早計だ。単純自家保険の手法と比較して，維持コストのいくつかは単純自家保険においても必要と考えられる余地があるからである。

3.1. 再保険手数料

　運営コストの多寡に目が向きがちだが，フロンティング・スキームにおいては，受再保険料ボリュームに比例する再保険手数料が維持コストの大半を占めている。

【図表4－4】　引受保険料に比例して増大するフロンティング・フィー

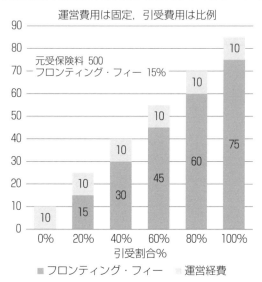

　再保険手数料は仲介手数料とオーバーライダー（フロンティング・フィー）で構成される。仲介手数料もオーバーライダーも単純自家保険では発生しない

ため，不要なコストと考えられがちだが，そうではない。

　日系損害保険会社の一般的なオーバーライダーは保険料の5％〜15％であり，受再保険料が2億円ならフィーは1,000万〜3,000万円，10億円ならば5,000万〜1億5,000万円にも及ぶ。日系損害保険会社がオファーする5％〜15％の根拠は他の再保険取引との整合性で説明されることが多いが，その本質は元保険料に占める付加保険料（の引受割合相当額）である。外資系損害保険会社の算出根拠も概ね同様ではあるもの，より合理的であることが多い。

　フィーの見返りとして期待できるサービスには，国内外での現地証券発行とクレーム処理が含まれる。滅多に事故が起こらないようなリスクならば，これらのコストは単純自家保険では不要なコストかもしれない。逆に，事故件数が膨大で，そのための人件費やノウハウを勘案すれば妥当な水準といえるかもしれない。また，ドミサイルにおいては税法上の損金となるので，税コストを負担する代わりにフィーを負担するのだと割り切ることもできるかもしれない。

　また，フロンティング・フィーにはキャプティブに出再することで生じる信用リスクの対価も含まれていると考えることができる。所要資本金や他の担保の額はできるだけ低水準であることが自社グループにとって資本コスト（機会損失）を軽減でき，フロンティングを行う元受保険会社（以下，フロンティング会社）にとってはこれらの資産が多いほど，キャプティブに対する信用リスクが低くなる。これらのセキュリティ要件を緩和してもらえるならば，資本コストが発生する（詳細は第6章で解説する）ことを一定程度避けることができるので，フィーを支払う妥当性が高まる。単純自家保険においても，担保あるいは保証金を差し入れる場合があるため，この点でもフィーがデメリットであると単純にいうことはできない。

　一方，前頁のグラフでは仲介手数料を除外しているが，仲介手数料は最終支払者が元受会社からキャプティブに変更されることを意味する。事実上の自家保険のために仲介手数料を負担する是非は，自社あるいはキャプティブのために必要なサービスの対価として妥当かどうかに尽きる。もっとも，自社保険代理店を活用している場合にはコストではない。

　さらに視点を変えて，元受保険プログラムをデザインし直して再々保険が不要のキャプティブ引受プログラムにすれば，キャプティブ保険料の絶対額が減り，受再保険料に比例するフロンティング・フィーも妥当な水準に抑えることができるかもしれない。仲介手数料に関しても，キャプティブの引受割合に相

当する部分は仲介対象から除外できる可能性がある。また，リスクの種類によっては直接元受することで，再保険手数料そのものを不要にすることができるかもしれない。

3.2. 運営コスト

運営コストは法人を運営するための事務・会計・法務サービスであり，単純自家保険と比較すれば追加コストとなることが多い。ドミサイルにおいて税法上の損金となる点も再保険手数料と同様である。ただし，運営コストは受再保険料の多寡とは無関係な固定費という性格を持つ。つまり，保険料ボリュームが増えれば経費率は下がる（コスト効率が上がる）という性質を持つのである。これらの運営コストの中には，単純自家保険でも本来ならば必要なコストと考えられるものもある。

【図表4－5】　運営コストの内訳（例）

	費用項目	金額
運営コスト	マネジメント・サービス	US$100k ～
	アクチュアリー・サービス	US$ 30k ～
	会計監査サービス	US$ 30k ～
	司法書士業務	US$ 5k ～
	免許更新料	US$ 0.5k ～
	納税申告サービス	US$ 10k ～
	渡航費，会議費，等	US$ 10k ～
	合計US$ 185.5k ～	
その他	フロンティング・フィー	引受保険料の5～15%
	仲介手数料	引受保険料の7～25%
	銀行L/C手数料	Case-by-Case

※各種費用は目安。種目数等で変化する可能性あり

マネジメント・サービスの主たる業務は会計処理である。管理会計ベースで運営される単純自家保険においてもそれに携わる人件費などのコストは発生する。

アクチュアリー（保険数理人）に保険損害額の発生予測・進展予測を委託する作業も，資金手当て，予算管理，あるいは，会計開示資料に客観性を持たせる観点から，単純自家保険においても本来は必要な作業と認識すべきではないだろうか。事実，米国労災リスクを単純自家保険している日系自動車メーカー

やその関連企業の米国子会社はそうしている。会計規則の要請があろうとなかろうと，自社の管理財物に対する保険リスクポジションを把握するためにリスク・エンジニアリング・レポートが欠かせないように，自家保険の内容や資金手当ての根拠を第三者に説明する客観的な資料として，損害額の発生予測・進展予測を客観的・数理的に把握するためのアクチュアリー・レポートが欠かせないと考えたほうがいいだろう。

キャプティブの監査作業も同様である。キャプティブにおいて会計監査は必須だが，単純自家保険においても本体の監査作業の一部に組み込まれていると考えれば，そのコストも間接的に発生しているとみなせる。こうして考えると，運営コストの多くは，他のコストに埋没しているだけで，キャプティブ自家保険にだけ必要とは限らない。

とはいえ，維持コストはやはりコストファクターとして無視することはできない。特に固定費である運営コストの大きさに鑑みると，キャプティブ自家保険には一定のファイナンス規模が必要である。経験上，キャプティブにおいては少なくとも3億円の保険料収入がなければ，維持コストをかける経済価値は乏しいとみなしてよいだろう。

3.3. キャプティブ自家保険の経済価値をどう判断するか

相対的に規模が大きい場合は，運営コストのインパクトは相対的に小さくなるが，それだけで判断することはできない。自家保険の規模が大きければフロンティング・フィーや仲介手数料のインパクトが大きくなるだけでなく，税効果も大規模かつ複雑になり，ファイナンスに伴う機会損失も無視できなくなるからである。

様々な損害パターンを抽出して，保有損害コスト，維持コスト，税効果，資本コストを網羅したトータルコストが，いくらなのか，また，単純自家保険の場合のトータルコストや自家保険を保険ヘッジにした場合のコストがどの程度なのかをトライアンドエラーで検証しながら判断していく他はない。

ここまでがキャプティブ自家保険の基礎編である。

次章以降では応用編として，キャプティブ保険会社を事業子会社として評価することの危険性，その対案であるキャプティブ自家保険におけるトータルコストの考え方，キャプティブの資本金や機会損失などコーポレートファイナンスの視点，保険会社特有の会計処理や国際税務など，フィージビリティー・ス

タディーの狙いやフレームワークを理解するために必要な様々な要素を解説する。

 ## コラム②　Webサイトの情報には注意が必要

　日本においてキャプティブに関する書籍は少なく，キャプティブを勉強される方はインターネットを中心に情報を得ることが多いと思われる。ここでWebサイトの情報を見る際に意識すべきことを4点紹介したい。

　1つ目が実務に即しているか，である。キャプティブは日本での普及が進んでいないため，机上の理論が多く，実務の観点が抜けがちになる。例えば，キャプティブが最も普及しているのはアメリカだが，日本との商慣習の違いは意識したほうがよい。アメリカではキャプティブが直接リスクを引き受ける元受スキームが一般的だが，日本では間に元受保険会社が入るフロンティング・スキームが中心である。アメリカでは一般的なメリットも，元受保険会社が介在することで実務上現実的ではないケースが考えられる。

　2つ目が時代に即しているかどうかである。どのような情報にもいえることだが，周辺制度の改定に追いついた，新しい情報にアップデートされているか常に意識すべきである。最も気をつけるべきものが税務だ。直近では2018年にCFC税制の対象範囲が拡大し，課税裁定の観点でドミサイルを選択する意味はなくなったが，いまだにネット上にはキャプティブは節税メリットがあると説明するものがある。

　3つ目がキャプティブのメリットが列挙されているとき，それがキャプティブだけのメリットかどうか判断する目線を持つことである。例えば，損害を自己負担することによって保険料の削減ができるメリット自体は，キャプティブも含めた自家保険のメリットである。Web上にあるメリットが，キャプティブ設立の直接の動機づけにならないケースもあることを注意すべきである。

　最後にWeb上の情報を取得したときに，それが真に正しいかどうかをその道のプロに確認する必要性である。私たちは実務の視点から判断した上でアドバイスをするが，一方税務のメリットについては税理士に，法律や規則に関わることは必ず弁護士に確認するよう推奨している。　　　　　　　　　　　　　（宇野　晃広）

5

キャプティブは事業
子会社ではない

第　　　章

1 キャプティブの出資とキャプティブの収支が様々な誤解を生む

　単純自家保険と異なり，キャプティブ自家保険においてはキャプティブが保険会社であるがゆえの損益取引や資本取引が複雑に介在する。これらは，本質的には，資金管理が本体勘定（子会社勘定）かキャプティブ勘定かの違いにすぎないが，資金の物理的な所在の違いだけでなく，会計処理の違い，税務処理の違い，資本コストの有無となって現われ，最終的には自家保険の手法の違いによるトータルコスト全体の違いとなって現れる。

　【図表5－1】は，資本金，留保所得，支払備金，IBNR備金，次年度の正味保険料がB/Sに変換されて蓄積され，P/Lに変換されて支払原資が増減していく様子を，単年度の収支と残高との関連で表している。言い換えれば，キャプティブの銀行口座に資本金が入って「根雪」の資金となり，それとは別に定期的にキャプティブに資金（保険料）が入り，自家保険損害やその他の費用を支払うためにキャプティブから資金が出ていき，資金が不足したら資本注入され，会計帳簿で資金の出入りを確認するというフローを表している（保険会社特有の会計勘定はここではイシューではないので第6章で説明する）。

　キャプティブは自家保険を実現するためのビークル（道具）にすぎないが，自家保険というフィルターでキャプティブの財務諸表を評価することに慣れていないと，キャプティブを収益目的の事業子会社と同列に扱ってしまいがちである。そのような誤解は多くの場合，誤った意思決定を誘発するという意味で有害である。

　事業子会社の資本金とキャプティブの資本金の使途は決定的に異なる。前者

【図表5-1】　損益取引で資本取引の効果（支払原資の拡大・循環）を生みだす

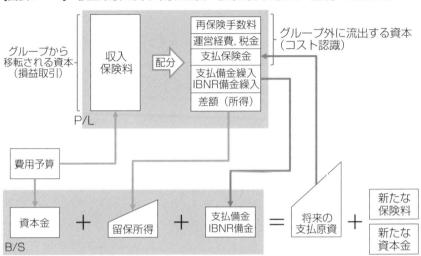

は社外に投資して付加価値をつけて戻ってくることが期待される資金である。一方，後者は自家保険スキームにおいて，通常の資金（保険料）が不足する場合に備えたデポジットを「資本金」という名目で会計処理しただけであり，自家保険コストとしていつなくなってもおかしくない資金である。

　同様に，本質的には資本取引（資金移転）であるグループ間取引を損益取引（独立法人間取引）として処理した結果生じる会計上の利益や損失は，キャプティブ自家保険によるトータルリスクコスト削減効果を全く正しく表さない。それらは，自家保険で想定される必要資金を保険料と資本金でどのように賄ったかという資金配分と，実際に生じた損害や付随コストの差額にすぎないからである。実際，国内外の税法では，キャプティブ自家保険に限らず，本質的には資本取引（資金移転）であるグループ間取引は資本取引と同列に扱う原則があると筆者は理解している。

　自家保険のツールとして使う限り，キャプティブはコストセンターであってプロフィットセンターではない。コストセンターはコスト削減に役立つから価値がある。したがって，キャプティブ導入や活用継続の是非はその収支ではなくキャプティブ自家保険の価値で評価しなければならない。

【図表5－2】 自家保険キャプティブはコストセンターとして価値を発揮する
（【図表2－2】再掲）

バリューセンター	一般事業会社	キャプティブ
コストセンター （コスト削減目的 会社）	目的：内製化によるコスト削減 ・非営利事業会社 ・収入はグループ各社の支出	目的：自家保険ファイナンス （自社のリスクコスト削減） ・通常のキャプティブ（本書 テーマ） ・ポートフォリオ：自社リスク
プロフィット センター （収益目的会社）	目的：外部取引に由来する収益 獲得 ・営利事業会社（資本コストを 超える収益追求） ・収入は第三者の支出	目的：小規模保険会社（第三者 契約による収益獲得） ・例外的キャプティブ ・ポートフォリオ：第三者リスク

2　キャプティブへの出資は事業子会社への出資ではない

　キャプティブへの出資は何か特別なことと理解されがちだが，そもそも保険会社（特に損害保険会社）の資金の使い方と事業会社のそれには本質的な違いがあることをまず説明する（以下，その由来にかかわらず資金をすべてキャッシュと表現する）。

　事業会社も保険会社も一定の資金を使って企業価値を維持・向上させるという目的は同じだが，単純化すれば，前者は「キャッシュ消費回収モデル」でそれを実現するのに対して，後者は「キャッシュ受取支払モデル」で実現することにコーポレートファイナンスにおける本質的な違いがある。なお，いずれのモデルも筆者がそう呼んでいるだけであって一般化された名称ではない。

【図表5−3】　資金循環モデルの違い

事業会社＝キャッシュ消費回収モデル	キャプティブ＝キャッシュ受取支払モデル
●目的＝資本回転による収益増大	●目的＝コスト節減（商業保険会社ではない）
●資本は設備や原材料に変換され，製品やサービスを販売することで投下した資本を回収する	●資本は必要な時まで使われない（商業保険会社と同じ）
●資本と運転資金が区別される	●資本と運転資金の区別がない（同上） 　－　通常の資金は保険料で賄われる 　－　不足する場合には資本金が使われる
●支出の額とタイミングは事前にわかる	●収入の額とタイミングは事前にわかる（同上）
●収入の額とタイミングは事前にわからない	●支出の額とタイミングは事前にわからない（同上）

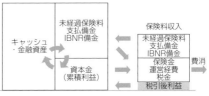

　事業会社のキャッシュ（出資・増資や借入で手にする資金）は生産設備や販売施設，知的財産や人的財産といったキャッシュ以外の資産に変換して（外部流出させて），その資産が生み出す価値をキャッシュ（売上）という形で回収し，資金供給者に対して配当や自社株買い，あるいは元利を支払い，残余キャッシュを再投資するサイクルを繰り返す。出て行ったキャッシュが本当に再回収できるかどうかは事前にはわからない。これがキャッシュ消費回収モデルである。したがって「事業子会社に出資する」イコール「キャッシュの大半は二度と戻ってこないかもしれない」という連想が働きやすい。

　キャプティブを含む保険会社は期首にキャッシュ（保険料）を預り金として手にし，期中に費消した後に残るキャッシュを準備金や収益という会計上の「名前」に変換して資産と負債を膨らませるサイクルを繰り返す。会計的には保険料は期首の時点では保険期間が未経過なので預り金，すなわち負債（つまり保険契約者は「債権者」！）だが，時間経過とともに収入として内部変換され，期末には費用との差額が収益に再変換されているにすぎない。手元には常にキャッシュがあり，特定の場合に限って費用として流出するが，留保しているキャッシュだけで費用をすべて賄えるかどうかは事前にはわからない。これがキャッシュ受取支払モデルである。保険会社の資本金は，通常のキャッシュ（保険料）が不足する場合に備えた資金を「資本金」という名目で事前に預けておくデポジットである。つまり，保険会社の資本金とは期待値以上の損害を被った場合に，その支払にどこまで耐え得るかを示すバロメーター，あるいはバッファーといえる。事業会社においてもバッファー的な資金を留保するオプションもあるが，保険会社のバッファーは保険料を獲得するために（負債を調達するために）必要不可欠な資金という点で決定的に異なる。換言すれば，保険会社の根幹はレバレッジであるということだが，事業会社との違いで強調したいのは，資本金は少なくとも当面の間は内部にとどまる点である。

　バッファーの意味を簡単な例で説明する。10年間毎年１億円の損害が発生するポートフォリオＡと，10年に一度10億円の損害が発生する（どの年に起こるかは不明）ポートフォリオＢがあると仮定する。

【図表５－４】　平均は等しいがボラティリティが異なるポートフォリオＡとＢ

	X1会計年度		X4会計年度		X10会計年度	累計	平均
ポートフォリオＡ	１億円	～	１億円	～	１億円	10億円	１億円
ポートフォリオＢ	0	～	10億円	～	0	10億円	１億円

　金利および運営経費を無視すると，10年平均のリスクコスト（期待値）はどちらも１億円なので，キャプティブへの投入保険料を１億円とする（ポートフォリオＢの実際の保険料は損害の大きな変動が織り込まれるため１億円を超えるが，単純化して１億円とする）。ポートフォリオＡでは毎年発生する１億円の支払に対して，１億円の収入があるので，バッファーとしての資本金はぜ

ロでも構わない。これに対して，ポートフォリオBの場合，10億円の支払いに対して1億円の収入しかないので，十分な資本（蓄積）がなければ保険金支払不能になる。一方，損害が発生しなかった年度は，投入された保険料が留保所得として広義の資本金となるが，それでも資金が足りなくなる事態は避けようがない。この資金不足を埋めるのが資本金である。しかも，少なくとも当面の間は内部にとどまる資金である。

　ここまではキャプティブを含む保険会社に共通していえることである。しかしながら，十分な資本金が常時必要と考えるのは通常の保険会社や収益目的のキャプティブ，あるいはドミサイル当局の視点である。自家保険キャプティブの資本金が十分かどうかは対外的な視点と自社の視点に分けて考えなければならない。

【図表5－5】　資金の大きさは対外的な視点と自社の視点で十分性が異なる

　まず自社の視点で十分性を説明する。キャプティブ自家保険は保険料と資本金で自家保険損害を賄うのだから，資本金が不足するなら後から増資をすればよいだけである。コーポレートファイナンスの観点ではキャプティブに資金が滞留するほど資本コスト（機会損失）が増えるので，キャプティブの資本金（資金量）はむしろできるだけ少ない（レバレッジが大きい）ほうがいいともいえる。筆者の経験では，欧米企業のキャプティブの多くはそのように運営されている。

　次に，ドミサイル当局の視点で説明する。各ドミサイルはそれぞれ最低資本金額を定めており，往々にしてその金額でキャプティブが設立できると誤解されることも少なくないが，これらの最低資本金額はキャプティブが財務的に成り立つ金額とは何の関係もない。実際，キャプティブ免許の認可においては，損害が発生してから支払完了までの期間が比較的短い（ショートテイルな）財物保険や貨物保険の場合，保険料1～2に対して資本金（留保所得を含む）1程度の比率が概ね妥当な水準とされている。

　一方，製造物保険や労災保険のようなロングテイルな種目の場合は，保険料3～5に対して資本金1程度までのレバレッジが許されることもしばしばである。筆者の経験では，財物保険，利益保険や地震保険などの高額損害は発生から支払完了まで数年かかることが稀ではなく，貨物保険においても，共同海損で解決までに長期間を要するケースも少なくないので，種目ではなく，損害はすべてロングテイルとしたほうがよいと思うが，当局には当局の考え方がある。いずれにせよ，このようなレバレッジ比率は，通常の保険会社の監督手法に準拠していることが多く，資金効率を最優先にするキャプティブ所有者と，保険会社のソルベンシーを最優先するドミサイル当局との間で，資本金水準に対する見解が相違することも少なくない。

　最後に，フロンティング会社の視点で説明する。信用リスクを考慮するとフロンティング会社にとってキャプティブの資本金は多いに越したことはないので，資本要件はもっと厳しくなる。特に日系損保の場合は，レバレッジを認めないフル担保を要求されることもしばしばである。フロンティング会社としては，キャプティブへの出再を自社のリスクヘッジとして扱うとそのような態度になる。保険会社内部では，自家保険キャプティブと営利保険会社を同列に扱うことはおかしいと感じていても，表向きにはそのような対応になる。

　一方，外資系損保の場合はキャプティブのレバレッジに対する考え方は合理的かつ柔軟だが，合理的な態度がキャプティブのセキュリティー要件に対して緩和的であるとは限らない。したがって，フロンティング会社が要求する資本金は，自社が望ましいと考える金額を大幅に上回ることがほとんどだと思っておいたほうがよい。しかし，フロンティング会社が望むような資本金を十分に出せないからといって，出再率を想定よりも減らしてしまうことは，本来ならば不要と判断した保険を買うことと同義であり本末転倒である。また，資本金は少なくとも当面の間は内部にとどまることを思い出してほしい。

　それでも自社にとって過度に感じる金額を出資して本業に使えなくなるのを抑えたいというのであれば，そうならない方法を考えればいい（詳細は第8章で説明する）。

3 キャプティブの収支でトータルコストの大小は評価できない

　そもそも，キャプティブの収入は自社やグループ子会社が支払う保険料であり，キャプティブが支払う保険金は自社やグループ子会社あるいはそのカウンター・パーティーに生じた損害を補塡するものであって，キャプティブの会計上の収支は連結すれば相殺されてキャプティブの支出だけが連結グループの費用として残るにすぎない。また，収入として計上された資金（保険料）のほうが支出として処理した資金（保険金＋維持コスト）よりも大きかったことを表しているにすぎない。保険料のほうが損害よりも平均的には大きいのが保険の原理であるから，キャプティブに会計上の利益が生じるのはむしろ当然である。同様に，キャプティブに会計上の損失が生じるのは保険料よりも保険金のほうが大きい場合であって，それもまた保険の原理であり，そのことをもって自家保険の成否を判断できるわけではない。

　この点を具体的に明らかにしよう。【図表5－6】はキャプティブの収支と親会社の税効果を要素分化したものである。この例では，自社から保険料100

【図表5－6】　投入保険料100に対して保有損害110の場合は24の赤字

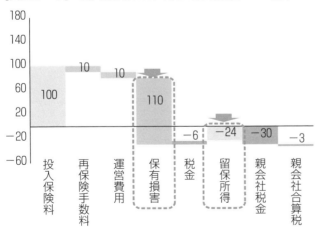

トータルコスト91（＝10＋10＋110－6－30－3）
単純自家保険なら77（＝110－33（税クレジット））

がキャプティブに移転（支出）され，再保険手数料10と運営費10が外部に支出され，保険金110が自社に移転（支出）されて，キャプティブの収支は－24（赤字）だったことを示している。一方，自社の支払保険料は連結で相殺され，損害は保険金と相殺され，支払保険料の税クレジット30と親会社合算税クレジット3を得る。これまでの議論から「キャプティブの支出イコール自社の支出」であることを踏まえると，キャプティブ自家保険のトータルコストは91（＝10＋10＋110－6－30－3）である。同様に，単純自家保険では自社の損害110とそれに対する税クレジット33からトータルコストは77である。トータルコスト計算のフレームワークは第6章で詳細に説明する。

　保険料を200として保有損害110やその他の条件が同じキャプティブ自家保険の場合，キャプティブの収支は47（黒字）になる。事業子会社なら後者のほうが望ましいことは明らかだがキャプティブはコストセンターであり，保有損害は同じでもトータルコストが98に増えたことにこそ注目すべきである。差額の原因は保険料と比例する再保険手数料が20に増えたからである（10に置き換えて計算してみるとトータルコストが91になることがわかる）。

　また，かつては税率差による課税繰り延べ効果でトータルコストを圧縮する余地があったが，現行法ではその余地がほぼないため，保険料の大小はもっぱら再保険手数料の大小に連動する分，コスト増減要因になっている。国際税務の論点については第7章で改めて説明するが，強調したいのはキャプティブの収支の大小とトータルコストの大小は無関係だということである。

【図表5－7】　同額の保有損害でも投入保険料が200だったら47の黒字

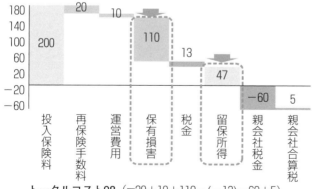

トータルコスト98（＝20＋10＋110－（－13）－60＋5）

　会計上の利益や損失が自家保険戦略の成否判断にとって意味をなさないことは，キャプティブ自家保険の運用戦略の観点からも説明できる。

　大別すると市場レベル（あるいはそれ以上）の保険料から得られる残余資金（収益）をキャプティブに蓄積していく戦略と，意図的に割安のレートで引き受けてキャプティブの残余資金がほとんど生まれない戦略がある。前者の場合，キャプティブに余剰資金が出る前提で，市場レベルの保険料という資金をグループ各社からキャプティブに移転し，実際の余資をキャプティブに帰属させる一方，グループ内貸付や自社グループの売掛債権の買取りなどで資金循環させるなどして全体の資金効率を低下させないという運営方法を取る。平均的に見れば資金は増え続けるので，純資産が膨らむのに応じて自家保険金額を増額していく。つまり，この戦略はキャプティブへの資金移転とその還流というサイクルを優先する戦略といえる。

　後者の場合，自社グループの資金ニーズや資本コストを考慮して保険料水準を弾力的にコントロールし，キャプティブの収益性をほとんど考慮しない引受をする結果，キャプティブに必要以上の資金が残らない運営となる。必要資金に対して保険料の占める割合が前者と比較して小さいので，当初の資本金を多めにするか，弾力的に増資をすることでキャプティブの資金繰りに対応していく。つまり，この戦略はキャプティブへの資金移転のタイミングとその量を遅らせることを優先する戦略といえる。

　ファイナンス形態が異なるだけで，どちらの戦略にも共通する点は，リスク許容額を事前に予算化し，トータルコスト最適化の観点からキャプティブへの資金配分が決定され，キャプティブを関与させることがグループ全体のトータルコスト削減や経済価値向上につながるという考え方である。

4 キャプティブ収支ではなくコスト削減効果で評価すればよい

　キャプティブの収益性がトータルコスト削減と無関係ならば，何をもってキャプティブ自家保険の定量評価をすればいいのだろうか。それができなければ，キャプティブ自家保険の可否は判断できない。

　そのフレームワークは単純である。キャプティブ自家保険はリスクコスト削減スキームなので，キャプティブの収支ではなく，キャプティブ自家保険のコスト削減効果を評価すればよい。つまり，コスト削減のための投資判断に用いる財務分析手法を援用すればいいだけの話である。

　コスト削減のための設備投資には収益性投資のようなリターンは原理的に存在しないので，プロセス向上や歩留まり向上による生産性向上により，同じアウトプットをより低コストで実現できるようになるという観点で評価しているのではないだろうか。

　この考え方を援用して，年間コスト削減のための設備投資と比較した投資パフォーマンスの評価方法は次のようになる（簡略化のため税効果は除外する）。

⑴　年間コスト節減のための設備投資の投資パフォーマンス評価（単純化のため税効果は省略）
年間削減効果
＝投資前の年間コスト－投資後の年間コスト－（投資額÷償却年数＋資本コスト）

⑵　子会社への同額出資を経由して，設備投資をした場合は，投資額を出資額に置き換えるだけである
年間削減効果
＝出資前の年間コスト－出資後の年間コスト－（出資額÷償却年数＋資本コスト）

⑶　キャプティブ自家保険の投資パフォーマンス評価（単純化のため税効果は省略）
年間削減効果
＝出資前のトータルコスト－出資後のトータルコスト
＝（旧保険料＋旧保有コスト）－（新保険料＋新保有コスト＋資本コスト）

　2番目の式から明らかなように，子会社経由の削減効果は子会社の収支と直接の関係はなく，投資額が同額であれば，設備投資が子会社経由であろうとなかろうと同じ削減効果を得ることが示されている。投資パフォーマンスを設備投資によるプロセス向上や歩留まり向上などの生産性向上により，同じアウトプットをより低コストで実現できるかを見る限りそうなる。どちらにも資本コストが発生するのは，キャッシュが設備に変換されただけで資産の額は変わらないが，本業に使えるキャッシュが減るので機会損失が発生するからである。

　3番目の式がキャプティブ自家保険のトータル節減効果を表す。通常の設備投資の場合と同じ考え方であることがわかるだろう。この式も子会社（キャプティブ）の収益の多寡と直接の関係はない。出資前の年間コストに当たるのは旧保険料と旧保有コストの合計である。出資後の年間コストに当たるのは新保険料と新保有コストと資本コストの合計である。「新保険料」は保険ヘッジのコストなので，元受保険プログラムを組み替えていなければ，新保険料＋新保有コストと旧保険料＋旧保有コストは等しくなる。また，「新保有コスト」には保有損害額期待値だけでなく，キャプティブの維持コスト（運営コストや再保険手数料）が含まれる。

　3番目の式にキャプティブ投入保険料と出資額の項目がなく，資本コストがあるのを不思議に思われるかもしれない。キャプティブ投入保険料と資本金は，キャプティブの保有損害を賄うのに必要な資金（資産）であって，保有損害・コストに充てるために費消されない限りは資産のままなのでコスト計算には含まれない。ただし資産のままとは言っても，キャプティブ自家保険導入前と比較してキャプティブに残余資金が滞留することで機会損失が発生するので，これを資本コストとして認識する。なお，ここでの資本コストは投資額に比例するのではなく，滞留資金残高に比例する点が通常と異なる（詳細は第6章で説明する）。

　以上の議論から，キャプティブ自家保険のコスト，単純自家保険のコストの計算式は以下のとおりとなり，自家保険手法間のコスト比較ができるようになる。次の計算式がそのフレームワークである。

キャプティブ自家保険のコスト

＝外部流出コスト（実際の損害額，再保険料，運営経費，税金）

　　－税効果（グループ各社；単純自家保険との差異）

　　＋資本コスト（機会損失；単純自家保険との差異）

単純自家保険のコスト

＝外部流出コスト（実際の損害額）

　　－税効果（グループ各社）

　　他の先行投資に資金リソースを割くか，キャプティブ自家保険に資金リソースを割くかを判断するには，やはり金額だけではなく，ROI（＝Return On Investment；投下資本収益率）で投資効果を分析する必要も出てくるかもしれない。しかしながら，キャプティブ・ファイナンスは，収益を直接生み出すことを目的とした通常の投資判断で用いるような財務評価方法が当てはまらない。なぜならば，これまで見てきたとおり，出資額そのものがリターンを生み出すわけではなく，キャプティブの収支はそもそも真のリターンではないからである。ところが，設備投資のリターンに相当するものがコスト削減額であることを思い出せば，コスト削減投資のROIは，実は設備投資によるコスト削減率を表すことがわかる。

　　キャプティブ自家保険の目的がトータルコスト削減であることに着目すれば，真のリターンはコスト削減額（＝リスクファイナンス手法間のトータルコストの差額）である。差額を生み出しているのはキャプティブ自家保険の仕組みであるから，キャプティブ自家保険に伴うキャッシュ・フロー，厳密にいえば，自社グループ外への一連のキャッシュ・アウトを投資元本だと考えればいいのである。一連の外部キャッシュ・アウトが投資元本という表現は直観に反するかもしれないが，1回のキャッシュ・アウトも，複数回のそれも，コーポレートファイナンスの文脈では同義である。したがって，ROIは次のような単純（？）な式で得ることができる。

ROI（単純自家保険比較）

$$= \frac{単純自家保険のトータルコスト - キャプティブ自家保険のトータルコスト}{キャプティブ自家保険の外部キャッシュ・アウト}$$

$$= \frac{単純自家保険のトータルコスト}{キャプティブ自家保険のトータルコスト} - 1$$

ROI（保険ヘッジ比較）

$$= \frac{保険ヘッジのトータルコスト - キャプティブ自家保険のトータルコスト}{キャプティブ自家保険の外部キャッシュ・アウト}$$

$$= \frac{保険ヘッジのトータルコスト}{キャプティブ自家保険のトータルコスト} - 1$$

年平均ROI（Y年間）＝

$$\sqrt[Y]{\frac{単純自家保険あるいは保険ヘッジのトータルコスト}{キャプティブ自家保険のトータルコスト}} - 1$$

（ただし，トータルコストはNPV）

　税効果と資本コストを加味したトータルコスト算出と手法間コスト比較のフレームワークの実際を次章でさらに説明する。

第6章 リスクコストの算出で考慮すべき，保険会社特有の会計処理

1 時系列キャッシュ・フローがリスクコストに影響を与える

　本章では，まず時系列キャッシュ・フローがリスクコスト，特に，キャプティブ自家保険の正味リスクコストに影響することとその要因を説明しておこう。

　「リスクコスト」の対象が自家保険リスクを指した説明なのか，リスク全体を指した説明なのかは区別して説明してきたつもりだが，トータルリスクコスト（TCoR）や経済リスクコスト（ECoR）のフレームワークと混同しないよう，再確認しておきたい。

【図表6－1】　自家保険部分にフォーカスしたコスト比較を行う

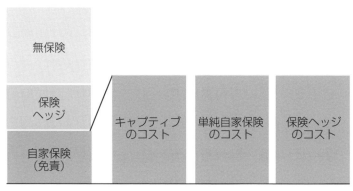

　まず，TCoRやECoRは，リスク全体のコストを算出するものである。

トータルリスクコスト（TCoR）

＝自家保険損害額期待値＋保険ヘッジコスト

経済リスクコスト（ECoR）

＝TCoR＋リスクチャージ＝自家保険損害額期待値＋保険ヘッジコスト＋リスクチャージ

　一方，単純自家保険やキャプティブ自家保険におけるリスクコストは，リスク全体の一部である自家保険部分にフォーカスしたコストである。また，【図表6－1】にある「保険ヘッジのコスト」は「自家保険部分を保険化した場合のコスト」であり，自家保険コストと保険コストを直接比較するためのものである。さらに，自家保険損害額期待値と他のコストを加えた正味の自家保険リスクコストという意味で便宜的に「トータルコスト」と表現する場合もある。

　さて，単年（時系列上の平均）の比較ならば，単純自家保険のリスクコストはTCoRフレームワークに従って自家保険損害額期待値と税効果を算出すればよい，あるいはECoRフレームワークに従って自家保険損害に限定したリスクチャージも追加して算出すればよい。グローバルプログラムの場合はそれぞれの国に所在するグループ会社の実効税率が異なるので税効果の計算は複雑になるが税率を加重平均すれば算出できないことはない。キャプティブ自家保険の場合も，単純自家保険と異なるのは維持コストと税効果だけなので，計算は複雑だが算出できないことはない。単純自家保険とキャプティブ自家保険の平均的なコスト差を概算するだけならそれで十分かもしれない。

単純自家保険のコスト

＝外部流出コスト（実際の損害額）
　－税効果（グループ各社）

キャプティブ自家保険のコスト

＝外部流出コスト（実際の損害額，再保険料，運営経費，税金）
　－税効果（グループ各社：単純自家保険との差異）
　＋資本コスト（機会損失：単純自家保険との差異）

　それでは，なぜキャプティブ自家保険のコスト計算式に「資本コスト」が含まれているのだろうか。保険事故は単年で支払完了になるものだけでなく，支

払完了までに数年を要するものもあるので，自家保険の手法の違いを問わず，意思決定においてはコストの絶対額だけでなく，自家保険損害の将来キャッシュ・フロー（損害キャッシュ・フロー）も考慮する必要があることは容易に想像がつくだろう。

さらに，キャプティブ自家保険の場合は，資本金や保険料というキャッシュを投入し続け，必要な時にだけキャッシュを流出させる（支払う）という点はファイナンスそのものであり，財務担当者はそのような時系列で変化するキャッシュ・フローを総合した資金効率を確認したいはずである。実は，キャプティブ自家保険コスト計算式の「資本コスト」は資本効率ペナルティ（機会損失）を表している。さらには，キャプティブ自家保険への投資と他の投資を比較してどちらに資金リソースを投入するかを判断する場合は，それぞれの時系列キャッシュ・フローを正味現在価値（Net Present Value; NPV）に換算して投資価値を比較しなければならない。残念ながら，単年モデルではこのような時系列評価ニーズには対応できない。

コーポレートファイナンスのフレームワークでは，金利や不確実性が存在するので，今受け取る（支払う）キャッシュの金銭価値と将来受け取る（支払う）キャッシュの金銭価値は同じではなく，将来になればなるほど減価する（割り引かれる）と考える。その上で，時系列キャッシュ・フローの正味現在価値は，それらをすべて今受け取ったら（支払ったら）いくらかを【図表 6－2】のように要素分解して割引して合計することで得ることができる（Discounted Cash Flow）。

【図表 6－2】 正味現在価値の計算概念

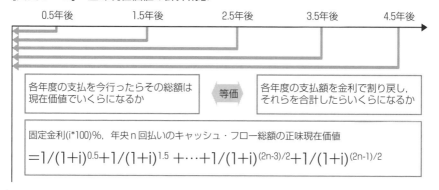

0.5年後　　1.5年後　　2.5年後　　3.5年後　　4.5年後

各年度の支払を今行ったらその総額は現在価値でいくらになるか 　等価　 各年度の支払額を金利で割り戻し，それらを合計したらいくらになるか

固定金利(i*100)%，年央 n 回払いのキャッシュ・フロー総額の正味現在価値

$$=1/(1+i)^{0.5}+1/(1+i)^{1.5}+\cdots+1/(1+i)^{(2n-3)/2}+1/(1+i)^{(2n-1)/2}$$

　損害キャッシュ・フローを使って自家保険損害額の現在価値評価をするだけならば，単年評価のフレームワークを拡張しているにすぎない。

　一方，時系列キャッシュ・フローに基づいた複数年評価をしなければ，キャプティブ自家保険固有の資本コスト（機会損失，資本効率ペナルティ）や，キャプティブの将来増資額を算出することはできない。換言すれば，時系列キャッシュ・フローがリスクコストにどの程度影響するかを評価することはできない。

　キャプティブ自家保険の資本コスト（機会損失）はキャプティブに留保されているキャッシュ残高に比例する。キャプティブのキャッシュ残高は，少なくとも5つの時系列キャッシュ・フローがあり，特に(2)から(5)が複雑に組み合わさってダイナミックに変動する。

(1)　保険料を毎年受け取ることで生じる保険料キャッシュ・フロー

(2)　ある年の損害の複数年支払と，複数年支払事故が毎年起こりうる損害キャッシュ・フロー

(3)　保険会社特有の会計処理に基づく費用認識（準備金計上）によって生じる税キャッシュ・フロー

(4)　損害額と保険会社特有の費用認識の結果生じる純資産やソルベンシーの低下を埋め合わせるための増資キャッシュ・フロー

(5)　資本コスト（機会損失）を軽減するための財務キャッシュ・フロー

【図表6-3】　損害キャッシュ・フローと保険料キャッシュ・フローの例

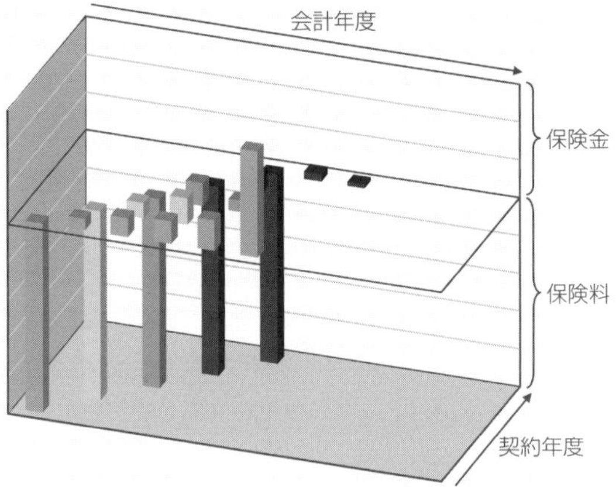

2 | 保険会計特有の会計処理（準備金勘定）

単純自家保険であるかキャプティブ自家保険であるかを問わず，広義の
GAAP会計（一般会計原則）ではその期の収益とその期の費用を同一の会計年
で認識することを要求される。すなわち，業種・税務にかかわらず財務諸表に
は当該年度中に発生した損害発生に伴う未払損失を債務として表示させるだけ
でなく，金額の確定していない損失を引当てすることが保守的な会計処理とし
て望ましいということになる。その一方，国の内外を問わず，税法では原則と
して金額の確定していない損失への引当ては損金にならない。したがって，保
守的な会計処理は，そのこと自体は妥当な経営判断だとしても，会計監査人に
よる任意引当ての妥当性確認や税金の前払い（有税引当て）というペナルティ
が待っている。

一方，キャプティブはその活用目的を問わず法律上の保険会社なので，商業
保険会社と同様，保険業の一般会計原則（保険GAAP）に従わなければならな
い。保険業はその最終コストが事後的に決まる（事後的にしか決まらない）と
いう特性を持っている。この点に対応して，保険GAAPは保険料収入の認識を
繰り延べ，保険金損失（費用）の認識を前倒しする（しなければならない）と
いう特性（収益認識の保守性）を持っている。キャプティブに適用される保険
GAAPは大別して米系と英系原則に分かれるが，細かな表記が異なるだけで，
基本原理そのものは全く同じである。また，その原理は本邦保険GAAPにも貫
かれている。

このような一般企業では許されていない保険会計上の特性は，多少の違いは
あるものの，税務会計においても認められている。このような保守主義は，契
約者財産の保護あるいは株主利益の公平な帰属という観点から長年にわたって
積み上げられてきたものだが，結果として，課税の繰り延べ効果が生じる。課
税繰延とは，資金（税金）がグループ外部に流出するタイミングを遅らせるこ
とができる手段だということに他ならない。これを現在価値という観点から見
ると，キャプティブ自家保険は単純自家保険よりも自家保険損害額の正味現在
価値を低く抑えることができるということになる。

ところが，このような会計処理が常にメリットになるとは限らない。将来支
払う予定の額を準備金に繰り入れることで課税繰り延べができる反面，それら

【図表6－4】　期中に保険開始・事故発生・一時支払，翌期に残額支払の繰り返し例

＜引受モデル＞

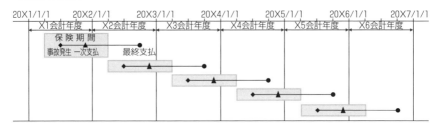

＜簡易財務諸表モデル＞

損益計算書（000）	20X1/12/31	20X2/12/31	20X3/12/31	20X4/12/31	20X5/12/31
引受保険料	1,000,000	1,000,000	1,000,000	1,000,000	1,000,000
未経過保険料準備金繰入	-250,000	0	0	0	0
収入保険料	750,000	1,000,000	1,000,000	1,000,000	1,000,000
支払保険金	-250,000	-500,000	-500,000	-500,000	-500,000
支払備金繰入額	-250,000	0	0	0	0
発生保険金	-500,000	-500,000	-500,000	-500,000	-500,000
経常利益	250,000	500,000	500,000	500,000	500,000

貸借対照表	20X1/12/31	20X2/12/31	20X3/12/31	20X4/12/31	20X5/12/31
現金	1,750,000	2,250,000	2,750,000	3,250,000	3,750,000
資産合計	1,750,000	2,250,000	2,750,000	3,250,000	3,750,000
未経過保険料準備金	250,000	250,000	250,000	250,000	250,000
支払備金	250,000	250,000	250,000	250,000	250,000
負債合計	500,000	500,000	500,000	500,000	500,000
資本金	1,000,000	1,000,000	1,000,000	1,000,000	1,000,000
剰余金	250,000	750,000	1,250,000	1,750,000	2,250,000
資本合計	1,250,000	1,750,000	2,250,000	2,750,000	3,250,000
資本・負債合計	1,750,000	2,250,000	2,750,000	3,250,000	3,750,000

キャッシュ・フロー計算書	20X1/12/31	20X2/12/31	20X3/12/31	20X4/12/31	20X5/12/31
引受保険料	1,000,000	1,000,000	1,000,000	1,000,000	1,000,000
入金勘定	1,000,000	1,000,000	1,000,000	1,000,000	1,000,000
支払保険金	-250,000	-500,000	-500,000	-500,000	-500,000
出金勘定	-250,000	-500,000	-500,000	-500,000	-500,000
キャッシュ・フロー収支	750,000	500,000	500,000	500,000	500,000

は会計上の負債を膨らませて純資産を減らすことになる。その結果，ドミサイル基準あるいはフロンティング会社のソルベンシー要請を満たすために増資をしなければならなくなるかもしれない。また，キャプティブに資金が必要以上に積み上がり，資本コスト（機会損失）が増加することになるかもしれない。

　以下，準備金を説明するために，会計年度の始期が20X1年1月1日のキャプティブにおいて，20X1年4月1日始期，年間保険料10億円のリスクを毎年引き受け，5億円の損害が毎年発生し，年度末までにその半分を支払い，翌年度に残額を支払うような保険契約を引き受け続けるモデルを前提に，準備金の説明に特化した簡易財務諸表モデル（【図表6－4】）を想定して説明を続ける。

　初年度の引受保険料の一部が未経過保険料準備金に繰り入れられて，翌年に前年の繰入額が繰り戻され，その年の繰入額と相殺されて差額が正味繰入額となって準備金残高が更新され，翌々年度以降も同様の処理が続く。この処理からは繰入額の分だけ収入認識が遅れているのがわかる。ただし，上記の例では，収入保険料が毎年同額なので正味繰入額は差し引きゼロ，準備金残高も差し引き不変になっている。

　また，初年度の支払保険金と支払備金繰入額の合計を発生保険金として費用認識し，翌年に前年の繰入額が繰り戻され，その年の繰入額と相殺されて差額が正味繰入額となり，準備金残高が更新され，翌々年度以降も同様の処理が続く。この処理からは繰入額の分だけ費用認識が前倒しされているのがわかる。ただし，上記の例では，発生保険金を毎年同額と想定しているので正味繰入額は差し引きゼロ，準備金残高も差し引き不変になっている。また，支払保険金と支払備金繰入額が同額なので支払保険金相当額をそのまま支払備金繰入額としているように見えるが，実際の支払備金は支払保険金とは独立してアクチュアリーが見積り（アクチュアリー分析），それまでの残高との差額を会計処理として繰入額としている点に留意する必要がある。

2.1. 未経過保険料準備金（Unearned Premiums Reserve）

　【図表6－5】は保険料キャッシュ・フローと準備金繰入額の関係をモデル化したものである。通常，保険料は契約の期首に支払われる。保険会社が当期に引き受けた契約の終期が会計期間を超える場合，未経過期間に対応する保険料は当期の収入とせず，準備金（預かり金）に繰り入れて翌期以降の収入とする（収入認識の繰り延べ）。繰り延べた分だけ見かけの収入は減り，負債資産

とキャッシュが増える
この効果は，引受保険
料額が毎年増加する場
合には，増加する分だ
け効果が永続する。つ
まり，この収入認識繰
り延べは損益処理を通
じて負債勘定とキャッ
シュ勘定に変換させる
行為ということができ
る。

【図表6－5】　収入認識のタイミング

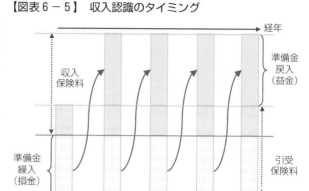

このことは，未経過期間に対応する保険料支出額を当期の経費とはせず，前払い資産に繰り入れて翌期以降の経費とする事業会社の保険料支出の経費処理方法と似ている。

同様に，フロンティング取引に付随する再保険手数料は未経過保険料と同様に期間に対応して費用認識し，残高は前払費用として資産認識する。再保険ヘッジの保険料支出も同様である。

2.2.　支払備金（Outstanding Losses Reserve）

【図表6－6】は損害
（保険金）キャッシュ・
フローと準備金繰入額の
関係をモデル化したもの
である。契約期間中のあ
る時点において事故が発
生した場合，保険金が支
払われるまでの間にタイ
ムラグが生じる。さらに

【図表6－6】　損害キャッシュ・フローと準備金繰入
　　　　　　　額の関係

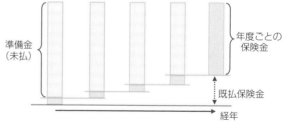

損害が高額になるほどこのタイムラグは増大する傾向がある。このタイムラグは事業中断による逸失利益損害，延長補償，製造物責任，労災責任，環境責任，等の事故において顕著である。また，貨物保険における共同海損（General Average）や船舶保険における船体損害（数年に一度のドック点検で損害が判

明することが多い）にも当てはまる。

　事業会社の場合は，原則として，当期に実際に支出した（金額が確定した）金額だけが費用（損金）となり，保守的に引当てを行う場合は，会計監査人による任意引当ての妥当性確認を得るだけでなく，税金の前払いが待っているのは前述したとおりである。

　一方，保険会計においては，当期に支出した金額だけでなく，その事故について将来支払う可能性のある金額（予想額）も含めて費用（損金）として引当処理しなければならない。最終金額が不明であっても，一定の概算額を保険数理に則して引当てなければならない。これらの措置は保険の収支が先には決まらないという特性により，保険会計において決められたルールだからである。その結果，支払が複数年にわたるケースでは，損害額の全額（発生損害額＝既払保険金＋準備金）が前倒しで計上される（現在価値＝将来価値）ことになる。ただし，損失認識は全額だが，準備金相当額のキャッシュは手元に残る。また，税会計においても，準備金計上額は原則として損金として課税所得から控除されるため，税支払の先送りができる。

　また，再保険金ヘッジからの回収が見込まれる場合には，再保険金見込額を収益（益金）認識し，回収見込金残高をOutstanding Losses Recoverableとして資産認識する。もちろん，キャッシュは実際の決済時まで増えない。ただし，税会計上は支払備金計上の場合と真逆の効果が生じる。

2.3. IBNR準備金（Incurred But Not Reported Losses Reserve）

　IBNR準備金は，その時点で確定していない損害額に対する将来の支払に備えた準備金という点と損害キャッシュ・フローに影響しないという点では支払備金と同じだが，支払備金よりも予測の色合いが濃く，下記2つの点で支払備金と異なる勘定科目である。

A．事故の報告はないが，経験上，損害発生が見込まれるもの
B．事故の報告はあるが，損害額が過小評価されているもの

　会計上，支払備金およびIBNR備金は次のように処理される。

A．支払備金・IBNR準備金は負債勘定（累計額）であり，引受能力に影響を与える

B．支払備金・IBNR準備金繰入額（前年度との差額）は，費用（損金）であり，当年度利益に影響を与える

　事業会社の場合，有税償却となることもあって，未払損失・将来損失に対する十分な準備金を積んでいないか，既知分については引当金を計上していても，IBNRまで計上しているケースはほとんどないのが一般的である。結果として，支払備金に相当する引当てを行っていても，残りのリスクはオフバランスのままということが避けられない。

通常GAAP

P/L:　既払損失

B/S:　ゼロ（予想追加損失額はオフバランス）

　一方，キャプティブ（保険会社）は，好むと好まざるとにかかわらずIBNRを含む全保険金支払債務に対して準備金の積立てが義務づけられている。IBNRの性格上，アクチュアリーによる算出を義務づけているドミサイルもあれば，当局が定める数式に基づいた機械的数値で算出可能なドミサイルもある。

　しかしながら，USGAAPやIFRSなど主たる会計原則を満たすためにはアクチュアリーによるIBNR評価がデファクトスタンダードになっている。また，アクチュアリー分析を任意としているドミサイルの多くが，保険会社監督ルールの国際的な標準化という流れの中で，アクチュアリー分析義務化の方向に舵を切り始めている。結果的に，キャプティブの資本金や投入保険料も含めて，キャプティブという別個の会計主体によって管理されて自社グループに連結されるので，自家保険リスクのほとんどをオンバランス処理しているということになる。

　また，再保険ヘッジからの回収が見込まれる場合には，回収見込損害額に対応するIBNR Loss Recoverableとして資産認識する。

保険GAAP

P/L:　既払損失＋支払備金繰入額＋IBNR準備金繰入額

B/S:　未経過保険料準備金＋支払備金＋IBNR準備金

2.4. IFRS保険会計原則

　IFRS（国際財務報告基準）の保険会計原則が抜本的にアップデートされ，IFRS17号として2023年1月1日以降に開始する会計期間から強制適用されることになっている。会計基準にIFRSを採用しているキャプティブも例外ではない。具体的な勘定科目に目立った変更はないようだが，IFRS17号の考え方はUSGAAPやJGAAPにも採用される方向といわれているので，IFRS適用の有無を問わずその概要を理解しておいたほうが，その時になって慌てることがないだろう。

　筆者も，その勤務先であるMarshも会計の専門家ではないので，あくまでも筆者が理解する限りということになるが，IFRSはP/LよりはB/Sを重視しており，従来の事業による損益というアプローチよりは，資産と負債それぞれの時価評価による変動（純資産の変動）を事業損益として捉えることに重きを置いている。ここから，IFRS17号は収益認識の原則の3本柱（3 Pillars）を定めている。

(1)　**ビルディング・ブロック・アプローチ（Building Block Approach）**
　－将来キャッシュ・フローの期待現在価値
　　・ 割引率の変動による差異は純損益あるいはOther Comprehensive Income（OCI）
　－貨幣の時間価値評価および将来キャッシュ・フローに関連する金融リスク
　－リスク調整
　　・非金融リスクに起因するキャッシュ・フロー変動（額・タイミング）の対価
　－Contractual Service Margin（CSM）
　　・将来実現する予定の利益（Embedded Valueに近い考え方）
(2)　**変動手数料アプローチ（Variable Fee Approach）**
　－BBAの拡張版⇒直接連動型有配当契約（変額保険など）に用いる
(3)　**保険料配分アプローチ（Premium Allocation Approach）**
　－従来とほぼ同様の収益認識
　－1年以下の契約に適用可能
　－準備金に割引率が適用される点が従来と異なる（割引率は各社が決める）

　(1)のBBAが原則，(2)のVFAとあわせて主として生命保険契約や年金契約に適用することが想定されている。「会社」ではなく「契約」となっているのは，事業会社であっても保険契約についてはIFRS17号を適用することが想定されているからだそうである。

　自家保険キャプティブの多くが対象となる損害保険契約は(3)のPAAを採用することができ，その場合は従来とほぼ同様の収益認識処理ですむ。ただし，1年を超える契約や再保険ヘッジ契約はその限りではない。また，準備金は従来の将来価値ではなく現在価値で繰入額を計算しなければならず，適用割引率は各社で決めなければならないとしている点は，会計業務をより煩雑なものにし兼ねないことが予想される。

　再保険ヘッジ契約はBBA一択という点で想起されるのは，例えば，フロンティング契約はPAAで処理するが再保険ヘッジ契約はBBAで処理するような場合である。理論的に見れば，保険金と回収再保険金の計上タイミングや金額が異なって会計上の相殺効果が薄れることがありうるため，フロンティング会社が自社の会計上は再保険ヘッジになるキャプティブへの出再を拒否したり，キャプティブの再保険ヘッジ戦略が見直されるきっかけになるとも限らない。その一方，キャプティブ自家保険の財務規模は相対的に小さいので，実務上は大きな差異にはならないかもしれない。現時点では，キャプティブに関する特段の問題点は聞こえてこないので，キャプティブ・マネージャーや会計士の経験値が蓄積されるにしたがって，これらの不確定要因は自然消滅すると期待している。

　以上，IFRS17号に関する一般的な論点を概説した。

3 保険会計で得られる税効果による正味リスクコストの削減効果

　保険会計における準備金の効果（会計差異）は将来価値で見ればいずれかの時点でゼロになる。ところが，これを現在価値で評価する場合にはその差は無視できない。自家保険ファイナンスの規模が大きい場合には特に顕著である。さらにこの差は，想定割引率が大きいほど，また，想定支払期間が長いほど，顕著になる。

　企業は複利の世界で活動している（毎年「成長」することを暗黙に求められている）ため，手元資金を動かさずに留め置いてしまうとその価値が時間の経過とともに減っていく。これを避けるために企業の資金は常に再投資され，期待された，あるいはそれ以上の成長が達成できるようにすることが求められている。この考え方に従うと，金額が同じならば時間軸において先に支払うものよりも後から支払うもののほうが実質的な価値は小さい（コストが相対的に低い）ことになる。あるいは，再投資しなければ将来価値と現在価値の差を埋められないので機会損失が生じると考えることもできる。単純自家保険とキャプティブ自家保険とでは，損害キャッシュ・フローは同じだが税キャッシュ・フローが異なるので，それらを時系列に並べて初めて実質的な価値の比較ができるようになる。

　具体的に，将来価値と現在価値を単年時系列（自家保険1年間，支払は複数年）で比較してみる。ある会計年度（第1会計年度とする）において，5年間で支払完了（支払割合5％-5％-5％-5％-80％）となる総額10億円のクレームが発生したと仮定する。

　単純自家保険の場合には，クレーム支払がなされた年ごとに当該金額の分だけ課税所得が圧縮される。課税所得が十分に大きく，自社の実効税率を30％，割引率を8％（企業の資本コスト率），損害支払，税金支払のタイミングをそれぞれ年末と仮定した場合，単純自家保険における正味コストの将来価値7億円に対して現在価値約5.4億円となる。

　市中金利は内外ともに低金利（2021年現在）なのだから，将来価値と現在価値は大差ないはずと考えるのは大きな誤解である。前述したとおり，企業の資金にはすべてコスト（＝資本コスト）がかかっている。仮に，この資本コスト

【図表6－7】　単純自家保険の正味コスト比較（単年）

会計上の損失	第1会計年度	第2会計年度	第3会計年度	第4会計年度	第5会計年度	合計
支払割合	5％	5％	5％	5％	80％	100％
支払金額	50,000,000	50,000,000	50,000,000	50,000,000	800,000,000	1,000,000,000

外部流出コスト	第1会計年度	第2会計年度	第3会計年度	第4会計年度	第5会計年度	合計
将来価値	50,000,000	50,000,000	50,000,000	50,000,000	800,000,000	1,000,000,000
現在価値	50,000,000	46,295,000	42,865,000	39,690,000	588,000,000	766,850,000
割引係数	1.0000	0.9259	0.8573	0.7938	0.7350	

税効果	第1会計年度	第2会計年度	第3会計年度	第4会計年度	第5会計年度	合計
将来価値	15,000,000	15,000,000	15,000,000	15,000,000	240,000,000	300,000,000
現在価値	15,000,000	13,888,500	12,859,500	11,907,000	176,400,000	230,055,000
割引係数	1.0000	0.9259	0.8573	0.7938	0.7350	

正味コスト（キャッシュ・アウト－税額削減効果）						
将来価値	35,000,000	35,000,000	35,000,000	35,000,000	560,000,000	700,000,000
現在価値	35,000,000	32,406,500	30,005,500	27,783,000	411,600,000	536,795,000

率を株主資本コスト率とするならば，資本コストは概ね5～8％となると考えられている。この将来価値と現在価値の差は，支払を繰り延べた資金を本業に振り向け，期待どおりに8％のリターンを上げれば埋められる経済価値を表している。手元資金を資産運用で増やして支払を賄うのと同じ考え方だが，資産運用ではなく本業でその差を埋めることが期待されているところがコーポレートファイナンスの根本原理である。

　次はキャプティブ自家保険の場合である。単純自家保険と比較しやすいように，保険料10億円が直接キャプティブに支払われ（保険期間はキャプティブの会計期間と一致するものとする），キャプティブにかかるコストはゼロ，その他の条件は上の例と同じと仮定する。さらに，親会社が支払う保険料は親会社の損金として所得控除されると仮定する。この保険料10億円はキャプティブの所得となる一方，損失については将来の保険金支払予定額9.5億円（10億円マイナス初年度の5,000万円）全額が 第1会計年度に計上される（保険会計特有の処理）。またドミサイルの税法上もその全額がキャプティブの所得から控除されるのが通例なので，保険料10億円（益金）と支払金額および準備金繰入額の合計である10億円（損金）が相殺されて，キャプティブにおける所得はゼロとなる。

　したがって，親会社の税クレジット3億円とキャプティブの税クレジット0円の合計で税額削減効果（現在価値＝将来価値）は3億円となり，キャプティブ自家保険の損害正味コストの現在価値は約4.7億円となる。

【図表6－8】 キャプティブ自家保険の正味コスト比較（単年）

会計上の損失	第1会計年度	第2会計年度	第3会計年度	第4会計年度	第5会計年度	合計
支払割合	5%	5%	5%	5%	80%	100%
支払金額	50,000,000	50,000,000	50,000,000	50,000,000	800,000,000	1,000,000,000
準備金繰入	950,000,000	-50,000,000	-50,000,000	-50,000,000	-800,000,000	0
合計	1,000,000,000	0	0	0	0	1,000,000,000

外部流出コスト	第1会計年度	第2会計年度	第3会計年度	第4会計年度	第5会計年度	合計
将来価値	50,000,000	50,000,000	50,000,000	50,000,000	800,000,000	1,000,000,000
現在価値	50,000,000	46,295,000	42,865,000	39,690,000	588,000,000	766,850,000
割引係数	1.0000	0.9259	0.8573	0.7938	0.7350	

税効果	第1会計年度	第2会計年度	第3会計年度	第4会計年度	第5会計年度	合計
将来価値	300,000,000	0	0	0	0	300,000,000
現在価値	300,000,000	0	0	0	0	300,000,000
割引係数	1.0000	0.9259	0.8573	0.7938	0.7350	

正味コスト（キャッシュ・アウト－税額削減効果）	第1会計年度	第2会計年度	第3会計年度	第4会計年度	第5会計年度	合計
将来価値	-250,000,000	50,000,000	50,000,000	50,000,000	800,000,000	700,000,000
現在価値	-250,000,000	46,295,000	42,865,000	39,690,000	588,000,000	466,850,000

　この例では，単純自家保険（現在価値約5.4億円）と比較した場合，キャプティブ自家保険（現在価値約4.7億円）のほうが約7,000万円のコストセーブ（約13.0％減）が可能ということができる。この差額の由来はもっぱら税効果のタイミング差である。特に，キャプティブ自家保険の例では，初年度はマイナスコストになっている（連結ベースではキャッシュが増えている）点に注目してほしい。

　次にこのパターンが5事業年継続したと仮定すると，単純自家保険における

【図表6－9】 単純自家保険の正味コスト比較（複数年）

正味コスト	第1会計年度	第2会計年度	第3会計年度	第4会計年度	第5会計年度
第1事業年度	35,000,000	35,000,000	35,000,000	35,000,000	560,000,000
第2事業年度		35,000,000	35,000,000	35,000,000	35,000,000
第3事業年度			35,000,000	35,000,000	35,000,000
第4事業年度				35,000,000	35,000,000
第5事業年度					35,000,000
将来価値	35,000,000	70,000,000	105,000,000	140,000,000	700,000,000
現在価値	35,000,000	64,813,000	90,016,500	111,132,000	514,500,000

正味コスト	第6会計年度	第7会計年度	第8会計年度	第9会計年度	合計
第1事業年度					700,000,000
第2事業年度	560,000,000				700,000,000
第3事業年度	35,000,000	560,000,000			700,000,000
第4事業年度	35,000,000	35,000,000	560,000,000		700,000,000
第5事業年度	35,000,000	35,000,000	35,000,000	560,000,000	700,000,000
将来価値	665,000,000	630,000,000	595,000,000	560,000,000	3,500,000,000
現在価値	452,599,000	397,026,000	347,182,500	302,568,000	2,314,837,000

正味コストの5事業年合計は将来価値35億円に対して現在価値約23.1億円となる。現在価値が約5.4億円×5＝約26.8百万円にならないのは，次年度以降の現在価値が前年度よりも割り引かれる（複利）からである。

　これに対して，キャプティブ自家保険における正味コストの5事業年合計は将来価値35億円に対して現在価値約20.1億円と，割引効果はさらに大きくなる。

【図表6－10】　キャプティブ自家保険の正味コスト比較（複数年）

正味コスト	第1会計年度	第2会計年度	第3会計年度	第4会計年度	第5会計年度
第1事業年度	-250,000,000	50,000,000	50,000,000	50,000,000	800,000,000
第2事業年度		-250,000,000	50,000,000	50,000,000	50,000,000
第3事業年度			-250,000,000	50,000,000	50,000,000
第4事業年度				-250,000,000	50,000,000
第5事業年度					-250,000,000
将来価値	-250,000,000	-200,000,000	-150,000,000	-100,000,000	700,000,000
現在価値	-250,000,000	-185,180,000	-128,595,000	-79,380,000	514,500,000

正味コスト	第6会計年度	第7会計年度	第8会計年度	第9会計年度	合計
第1事業年度					700,000,000
第2事業年度	800,000,000				700,000,000
第3事業年度	50,000,000	800,000,000			700,000,000
第4事業年度	50,000,000	50,000,000	800,000,000		700,000,000
第5事業年度	50,000,000	50,000,000	50,000,000	800,000,000	700,000,000
将来価値	950,000,000	900,000,000	850,000,000	800,000,000	3,500,000,000
現在価値	646,570,000	567,180,000	495,975,000	432,240,000	2,013,310,000

　この例では，単純自家保険（現在価値約23.1億円）と比較した場合，キャプティブ自家保険（現在価値約20.1億円）のほうが年平均で約6,000万円のコストセーブ（約13.0％減）が可能ということができる。単年比較の差額約7,000万円が複数年比較では約6,000万円に縮小しているのは，年度以降の差が順次割り引かれるからである。同様に，キャプティブ自家保険の例では，初年度はマイナスコストになっているだけでなく，第4会計年度までは事実上そのクレジットで損害の支払を賄えている点に注目してほしい。

　これが，保険会計で得らえる税効果による正味リスクコストの削減効果（複利効果の加速）である。もちろん，損害そのものが生じないパターンも含めて損害額パターンは千差万別である。上記の例からだけではキャプティブ自家保険は単純自家保険よりも常に割安とはいえないが，ファイナンスの手法と会計処理を変えるだけで正味リスクコストの実質的な価値が削減される複利効果の原理を理解できたと思う。また，キャプティブの収益ではなく，キャッシュ・フローに注目せよという言葉の意味も，理解いただけたのではないだろうか。

コラム③ キャプティブ運営で大切なこと（財務諸表について）

　Marshのお客様やセミナーなどを受講されたことがある方は，おそらく一度は「キャプティブの損益を気にしてはいけない」とアドバイスされたことがあると思う。とはいえ，キャプティブは連結対象会社であり，運営が始まると他の子会社同様連結決算のための財務報告をしなければならないケースがほとんどで，財務報告担当の方々からはキャプティブ損益についてのお悩みの相談をいただくことがある。

　例えばキャプティブは将来の支払に備えて保険金準備金を積むが，その準備金の積み方ゆえに損益の動きが独特になりうる。一般的に，期中は責任期間の経過とともに備金を積み増すが，ほとんどのドミサイルでは毎年期末の監査時に保険数理士による保険金予測をしてもらい，その結果を財務諸表に反映させることが求められるため，期末には備金額がガラリと変わってしまう。比較的大きな備金の取り崩しが発生することも珍しくないことから，期中は備金積み増しでずっと赤字だったのに期末にいきなり大きな利益を上げてしまうなどということもしばしば起こる。

　このような特殊性を理解し，社内で説明するのが難しいせいか，ご担当者からは損益の大きな振れ幅を軽減するため，備金計上を何とかできないか，とのご相談をいただく。備金を調整して出てくる損益にはなおさら意味はないが，社内では業績見込報告なども求められ，ブレがあってはやりにくいなどの事情もあろうかと思うのでアドバイスはさせていただくが，備金を超えるような大きな事故でもあればまた損益は変わってしまう。

　キャプティブはコストセンターであり，かつ保険会計の影響を受けるため，その損益は他の事業会社のそれと同等に考えるのは望ましくないことは，キャプティブ検討・設立に関わった方には十分ご理解いただいているものと思うが，運用フェーズではなかなかその認識が引き継がれないケースが多く，社内の認識共有はとても重要である。

（岩名　裕子）

リスクコストの算出で考慮すべき，国際税務

第7章

1 キャプティブ自家保険における国際税務の論点

　第6章において，キャプティブ自家保険における会計処理の違いが税効果の違いを生み出し，それが現在価値ベースで大きな違いを生み出し得る例を簡単に説明した。本章では，キャプティブ自家保険におけるタックス・プランニングが正味リスクコストに大きな差異を及ぼしうる論点をもう少し具体的に説明する。

　単純な例で説明する。実効税率が20％のＡ国に所在するＸ社が，実効税率が10％のＢ国に所在するＹ社の費用と自社の費用をＡ国で損金認識すれば，グループ全体の税コストを圧縮できる。【図表7－1】の例では，税効果が40から60へ増加する。ただし，このような損金処理をした結果，Ａ国の法律によりＹ社の所得もＸ社の所得と認定されるのと同時に，Ｙ社の所得は従来どおりＢ国にて課税されることになるかもしれない。

【図表7－1】　費用配賦オプションと税効果

	オプション1		オプション2		オプション3	
	費　用	税効果	費　用	税効果	費　用	税効果
X社	100	20	200	40	300	60
Y社	200	20	100	10	0	0
合計	300	40	300	50	300	60

　税法上許されている税務処理の選択肢が複数ある場合，二重課税を回避したり，課税繰延を長期化したりして，グループの税コストをできるだけ少なくすることがタックス・プランニングの基本的な考え方である。タックス・プラン

ニングと聞くと，グレーな節税スキームの構築をイメージしがちだが，そうではない。各国にはそれぞれ固有の徴税権があり，国際間取引には各国の徴税権が互いに競合することが容易に起こりうる。それらの競合を避けるために租税条約や政府間協議などの措置がなされているとはいえ，個々の取引をすべて網羅的に考慮した上で二重課税の回避措置が設けられているわけではない。

　また，政府間協議はその開始決定そのものに年数がかかり，しかも必ずしも自社が望むような結論に至るわけでもない。その間はその是非にかかわらず税の前払い状態は続くのである。タックス・プランニングは二重課税を回避するために，事前に自社にとって最適な税務方針を策定し，そのポリシーと自社のビジネスモデルの整合性を確保しながら，自社グループの税コストの最適化を遂行していくことに他ならない。税金を支払うことは社会的存在の企業にとって義務であると同時に，不要な税コストを避けることもまた，株主やその他のステークホルダーに対する責務である。なぜならば，企業には再投資するための資金を効率的に生み出すことが直接・間接に求められているからである。

　キャプティブ自家保険の場合，キャプティブの所有者の課税関係，キャプティブの利用者の課税関係，キャプティブ自体の課税関係が税コストに影響を及ぼす。具体的には，以下のような論点がある。

(1)　保険料，保険金に関する親会社，子会社の損金処理
(2)　保険料に関するグループ会社のTP課税（移転価格税制）
(3)　ドミサイルにおけるキャプティブの所得課税
(4)　キャプティブの所得に関する親会社のCFC課税（外国子会社所得の親会社合算税制）
(5)　キャプティブの所得に関するキャプティブのPE課税（非居住者所得の内国課税）

　(1)と(3)は内国税務，それ以外は国際税務である。ただし，各国の課税関係が必ずしも単一国内に限定されているわけではなく，それらが複数連動した結果，国際課税関係となる場合もある点に留意する必要がある。例えば，キャプティブへの支払保険料のように，国際グループ間取引の損金算入が単一国内税務で否認された場合，そのことをもってキャプティブの所得課税が免除されるわけではないため，一般的には二重課税が生じる。それをどのように解消（軽減）するかは，まさに国際課税関係の問題である。

　本章の目的は，各ドミサイルの税制や税率の詳細，あるいは国際税務そのものを詳細に語ることではない。キャプティブ自家保険を導入しようとしている読者は，上記の論点を踏まえて，自社の税務チームやタックス・アドバイザーと自社の税務方針や望ましいアクションについて協議してほしい。

【図表 7 − 2 】　日本企業が対応しなければならない主な国際税務

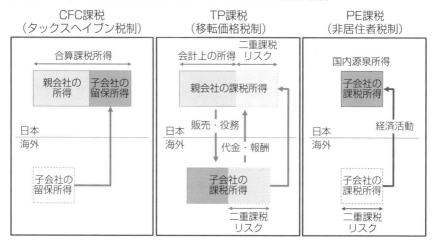

2　グループ会社の保険料，保険金

　一般的に，事業会社が支払った保険料は税法上の損金算入が可能である。実際に保険事故が生じて損害が発生した場合，それらは損金（費用）となるが，受け取った保険金が益金（収入）となるため，通算では損金（費用）の額は相殺（圧縮）される。このような会計処理は，GAAP会計上も税会計上も原則として同じである。ちなみに，会計上の収入，費用，利益は，税の世界ではそれぞれ益金，損金，所得と表現する。

　ただし，GAAP会計と税会計は異なった概念・実務であり，同様の処理ができるのは，たまたまそうなっているだけであって，むしろ，それぞれ別個のものと理解しなければならない。キャプティブ自家保険に限ったことではなく，企業経営においては，GAAPを代表とする制度会計，経営状況が事業戦略と整合しているかを確認するための管理会計（戦略会計），税コストを計算するための税会計，といった目的の異なる会計を適切に使い分けることが求められている（このテーマは章を改めて説明する）。

　事業会社から間接的あるいは直接的にキャプティブに保険料が支払われる場合，支払者が所在する（PEがある）国の法律，キャプティブとの資本関係，あるいはリスク移転の度合いによって，損金算入可否が決まる。処理の妥当性は，案件ごと，国ごとに税務の専門家の助言を仰ぐべきイシューであって，筆者にその資格はない。とはいえ，一般情報や過去の経験から得た論点整理ならば，読者にとっても価値があるだろう。

　わが国においては，一般事業会社がキャプティブへ支払う保険料の損金算入条件に関する法令の規定，当局の通達，また，損金算入可否が争われた公表事案は，筆者が知る限り存在しない。あくまでも私見だが，現時点においてはキャプティブへ直接・間接に支払う保険料も税法上の損金とすることができるというポジション（タックス・ポジション）を取ることができそうである。推測するに，その理由は次のとおりである。

- キャプティブに支払う保険料の損金算入条件を本邦税法が明記していない（課税法律主義の原則）
- 本邦CFC課税により，キャプティブの留保所得を捕捉できる

- キャプティブの引受スキームが再保険主体であって，信用リスクが元受会社に残るので，リスクが移転していないとは一概にはいえない
- グループ会社間における，役務提供に対するサービスチャージや知的財産権使用に対するロイヤリティチャージと配賦保険料（キャプティブに支払う保険料）を厳密に切り分けられない
- 他国の課税権との二重課税となりうる
- キャプティブの留保所得額が比較的小さく，税務当局が注視していない
- 米国でも案件ごとに判断が分かれている

　ただし，「同族会社」がキャプティブを活用する場合は，キャプティブへ直接・間接的に支払う保険料の損金算入は否認されると解釈したほうが安全だろう（同族会社の行為計算否認規定，法人税法132条1項）。同族会社とは会社の株主の3人以下ならびにこれらと特殊な関係にある個人および法人が議決権の50%超を保有している会社等をいうとされる（法人税法2条10号）。上場企業であっても，その子会社のいくつかはこの「同族会社」に該当するので，少なくともそのような子会社とキャプティブとの直接・間接的な保険取引は，管下の税務署長の判断で行為そのものがなかったものとされる可能性を排除できない。もっとも，税務の専門家によれば，法人税法132条1項は課税当局にとって「伝家の宝刀」であり，その適用可否は慎重であるとのことである。

　米国においては，キャプティブの所在地（米国CFC対象国，米国，それ以外），キャプティブの所有者（米国居住者，それ以外），保険料負担者（所有者，米国居住者，それ以外），保険料の配賦方法，米国子会社の法人形式（株式会社，LLC），米国での連結納税の有無，判例動向など，複数の要素が密接に関連する。一応，次の条件を満たしている場合には損金算入が可能と考えられている。

- キャプティブの親会社が米国法人ではない
- キャプティブの親会社が米国法人の場合には保険料負担者がキャプティブと姉妹関係にある
- キャプティブの保険リスクに一定の分散がある
- キャプティブの保険料が特定の被保険者に集中していない

　それでは，キャプティブへの投入保険料を保険料支払者の損金処理ができる場合とそうでない場合とで，単純自家保険と比較して税効果がどのように変化するかを簡単に見ることにする。

　親会社がA国（所得税率20%），キャプティブがB国（同20%）に所在し，保険料100，損害50を仮定し，キャプティブへの投入保険料が支払者において税法上の損金処理をした例である。この例ではキャプティブ自家保険と単純自家保険の税効果は等しくなる。親会社の税クレジット20がキャプティブの所得課税-10で相殺されるからである。換言すれば，所得税率が同じなので連結GAAP損害だけが存在するのと変わらないからである。

【図表7－3】　支払者が保険料を損金算入する場合の税効果比較

保険料 損金算入	GAAP 保険料	GAAP 損害	税損金	税効果	
親会社	100	0	100	20	保険料が損金
キャプティブ	-100	50	-50	-10	
合　計	0	50	50	⑩	

	GAAP 保険料	GAAP 損害	税損金	税効果
単純自家保険	0	50	50	⑩

　事業会社が支払った保険料が関連会社への資金移転（出資＝資本取引）とみなされて損金算入ができない場合にはどうなるだろうか。実際に保険事故が生じた場合には，当該事業会社が被った損害は損金（費用）となるが，受け取った保険金は関連会社からの資金移転（みなし配当）とされて益金（収入）算入されず，結果的に損害全額だけが損金（費用）算入される。

　一方，キャプティブの所得課税は免除されない（二重課税）ので，税効果はキャプティブの税コスト分だけ減る。なお，みなし配当が所得とみなされる可能性については考慮していない。

【図表7−4】 支払者が保険料を損金算入しない場合の税効果比較

保険料 損金不算入	GAAP 保険料	GAAP 損害	税損金	税効果	
親会社	100	0	50	10	損害が損金
キャプティブ	-100	50	-50	-10	
合　計	0	50	0	(0)	

	GAAP 保険料	GAAP 損害	税損金	税効果
単純自家保険	0	50	50	(10)

　しかしながら，保険料を損金算入できなければ常に不利だとは限らない。キャプティブの所在するＢ国の所得税率を20％からゼロとした場合で，保険料を損金算入できない場合とできる場合を考えてみればわかるように，キャプティブの所得税率がゼロならば，保険料の損金算入を問わず，キャプティブ自家保険と単純自家保険の税効果は等しくなる。保険料損金算入による親会社の税クレジット20がキャプティブの留保所得合算課税−10で相殺されるからである。

【図表7−5】 キャプティブの現地所得が非課税の場合の税効果比較

保険料 損金不算入	GAAP 保険料	GAAP 損害	税損金	税効果	
親会社	100	0	50	10	損害が損金
キャプティブ	-100	50	0	0	非課税
合　計	0	50	50	(10)	

保険料 損金算入	GAAP 保険料	GAAP 損害	税損金	税効果	
親会社	100	0	100	20	保険料が損金
キャプティブ	-100	50	0	0	非課税
親会社	n/a	n/a	-50	-10	CFC課税
合　計	0	50	50	(10)	

　以上の例で，キャプティブに支払う保険料は損金算入できなければダメだとか，ドミサイルの所得税率の大小で単純にドミサイルを決めればよいとか，こ

れから説明するCFC合算課税は回避しなければダメだとか，そのような単純な話ではないことが理解いただけたと思う。

3 保険料に関するグループ会社へのTP課税

　Transfer Pricing税制すなわち移転価格税制は，法人が子会社等の国外関連者と取引を行う際，独立企業間価格（第三者間取引の価格）と異なる場合は，独立企業間価格で取引が行われたものとし法人税を課税するもの（日本と海外で二重課税となる）である。そのような税制が導入された背景には，グループ会社間の取引では取引価格をグループ内で恣意的に決定して利益操作を行うことができ，各国で適正に課税することができないという事実がある。さらに近年では，国家財政がひっ迫していることもあって，それぞれの国が互いの課税権を強化した結果二重課税リスクが増大する一方，法の欠陥を利用した過度の節税行為（二重非課税追求）を防ぐ目的で，OECDがBase Erosion and Profit Shifting（BEPS）への対応策を提言し，本邦でもそれに準拠した税制改正が行われて現在に至っている。グローバルにビジネスを展開する日系企業も二重課税リスクや本邦税制改正に対処するため，多くの人的・金銭的リソースを投入している。

【図表7－6】　TP課税（移転価格税制）

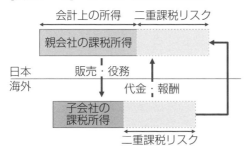

　ところが，多くの日系キャプティブの設立や運営においてクライアントがTP税制を意識することはあまりないと感じられる。その理由は，日系キャプティブの大半がフロンティング会社を経由した再保険引受であり，やりとりされる保険料が市場整合的な価格とみなしているからなのであろう。厳密にいえば，フロンティング会社がはじき出す保険料といえどもTP税制における市場整合性の文脈では十分条件を満たしているにすぎないが，それ以上触れることはしない。ここでは，まだ少数ではあるものの日系企業のキャプティブが元受

111

けを行っており，その場合にクリアーしなければならない問題を説明する。

　キャプティブ自家保険において，キャプティブが元受けを行う主なメリットはフロンティング・フィーの回避と保険料の柔軟な設定である。すでに見てきたとおり，キャプティブの維持コストの大半はフロンティング・フィーである。事実，欧米キャプティブのオーナーにアンケートを取れば，フロンティング・フィーの削減が常に関心事の上位を占める。保険会社のクレームサービスが不要な場合に，キャプティブが元受けをすることでフロンティング・フィーをセーブしようという発想は理にかなっている。しかしながら，キャプティブが元受けしようとすると，保険レートの市場整合性に直面する。

　一般に，保険レートは上限と下限を持つ一定幅の中から個別に定められている。保険ヘッジの場合ならばできるだけ下限になるように保険会社と交渉するところだが，キャプティブ自家保険の場合はできるだけ上限を目指すのがファイナンス的には正しい選択である。なぜならば，保険料が多いほどキャプティブに必要な資本金を小さくできるからである（ドミサイルのソルベンシー基準の観点からは保険料と資本金の間には緩やかな正比例の関係があるが，信用リスクの軽減という観点からは，いわゆる資本金は反比例の関係にあるので，小さくなるとするのがここでは正しい表現である）。自家保険が目的なのであるから，従来よりもレートアップした保険料を支払うことになるグループ会社にとっても，同じ企業グループ内で資金をやりとりするだけということが理解されているならば，それ自体に問題は生じないだろう。

　一方，グループ会社が所属する国・地域の税当局は，キャプティブが決めた保険レートを妥当だとは考えないかもしれない。市場整合的，いわゆるアームズ・レングス・ルール（"Arm's Length" Rule）に合致しない保険料は，妥当と考えられる保険料を超過する金額について，所得をキャプティブに移転しているとみなされて課税されるリスクが高まる。その結果，保険料の一部あるいは全部が税法上の損金とはみなされずに所得課税されるだけでなく，キャプティブ自体はドミサイルで所得課税されることになるので，租税条約による軽減がない限り二重課税になる。場合によっては，キャプティブへの贈与とみなされて支払者に追加課税される可能性も否定できない。これがキャプティブ自家保険におけるTP課税の問題である。

　キャプティブ元受けの場合は，何らかの公正な方法で市場整合的な保険料を決めなければならない。具体的には，アクチュアリーに市場整合的な保険料を

算出してもらい，運営費用や利潤をマークアップして適用保険料を算出し，キャプティブの取締役会でその妥当性を検証した上で，キャプティブ元受保険料として利用する。

　キャプティブがグローバル保険プログラムの一部（あるいは全部）を引き受ける場合には，全体の保険料水準だけでなく，それぞれの配賦保険料もアームズ・レングス・ルールに合致している必要がある。そのためには，アクチュアリーによる保険料算出に加えて，配賦モデル（Allocation Model）も策定してもらい，その配賦モデルが自社の移転価格方針に整合的かどうかを，国際税務アドバイザーに検証してもらうことになる。

　ところで，TP税制の観点から保険料配賦を行う必要があるのはキャプティブが関与するプロジェクトに限定されない。グローバル保険プログラムは，全世界共通の契約条件で親会社が一括して保険会社と契約した保険プログラムである。各国の付保基準を満たすため，あるいは，それぞれの国で親会社への所得移転とみなされないよう，親会社が一時的に肩代わりした保険料は，リスク規模などの配賦方針にしたがって，各国子会社に割り当てられる。具体的には，保険会社が国ごとの保険料を提示して，親会社が当該国内の子会社にそれぞれ配賦する（現地付保が必要な国の場合には，現地でも契約を結ばせる）形態が一般的である。グループ内部で費用配賦がある限り，TP課税リスクへの対処も同時に行う必要がある。

　以上，保険料に関するTP課税の話をしてきたが，TP課税を検討すべき点は保険料だけに限ったことではない。キャプティブの運営には親会社あるいは他のグループ子会社が事務局として関与することが一般的である。これは外国子会社に対して役務サービスを提供しているのと同じことである。したがって，役務に見合う対価をキャプティブから徴収していないと，TP税制の観点からは，利益を海外に移転しているとみなされてしまうリスクが高まることになる。

　読者が，本邦TP税制に対応して国別報告書（Country-by-Country Report; CbCレポート）を用意している企業に所属している場合，CbCレポートの内容に目を通すことで，自社の国際税務方針やキャプティブ自家保険を導入する場合の注意点を知ることができ，税務チームから積極的なサポートを得ることができるだろう。

4 キャプティブのドミサイルにおける課税関係

税効果会計を簡単に説明しておこう。一般会計原則（GAAP）に従って作成されたキャプティブの財務諸表上の税引き前利益とは別に，現地の税法に基づいて算出された課税所得に対して一定の税率または税額がキャプティブの所得に課される。

その結果，税引き前利益と課税所得が異なることになる。ドミサイルの中には，保険料税や資産税を課するところもあれば，キャピタルゲインも含めて非課税としているところもある。

4.1. ドミサイルが米国の場合

米国の場合，連邦所得税法と州所得税法，それぞれの課税関係を独立して考慮しなければならないが，キャプティブの州所得税は州政府が政策的に免除しているので，連邦所得税法の課税関係だけを説明する。

連邦所得税法における課税所得を計算する場合，キャプティブの税ポジションを「税法上の保険会社」（Insurance company for tax purpose）と「ファンディング・ビークル」（funding vehicle）のどちらを選択するかによって異なる。前者は商業保険会社と同じポジションであり，保険会計を援用した税会計で課税所得を計算するポジションである。端的にいえば，キャプティブの収入保険料を益金算入し，発生保険金や経費を損金算入して課税所得を計算する。

一方，後者は単純自家保険と同じポジションである。収入保険料はグループ間出資の受け入れ，支払保険金はグループ間配当の払い出しとして所得計算から除外し，維持コストや投資収入（パッシブ・インカム）から課税所得（正確には税クレジット）を計算する。連結納税時にグループの支払損害と税クレジットを相殺して，正味金額を損金（あるいは益金）とする。

以下，日系キャプティブのほとんどが選択している「税法上の保険会社」を選択した場合について説明する。

保険会社の未経過準備金繰入額のうち，税法上の損金となるのは概ね80～90％程度までである（GAAPでは100％）。支払備金繰入額（IBNR備金繰入額を含む）についても，内国歳入庁（Internal Revenue Service; IRS）が定める割引率に基づいて現在価値に減額された金額（GAAPでは100％）が損金とし

て認められる。これは準備金繰入によって発生する課税繰延を部分的に否定するための措置であり，課税された部分は翌年度の課税所得から控除されることによって，将来価値ベースでは100％損金算入が認められることになる。

　筆者にとって興味深いのは，支払準備金繰入額を，引受年度，保険種目ごとに，発生保険金に対する支払割合を統計的にインデックス化して保険負債ポートフォリオを現在価値評価し，前年度との差額を繰入額としていることである。負債の現在価値評価はIFRS17号も導入している考え方だが，こちらのほうが20年以上も早い。IRSは保険負債と金融負債を同列に見ている表れと思われる。時価評価（割引）の考え方は，米国連邦所得税法のすみずみまで網羅されている感がある。なお，他の米国子会社が存在する場合には，当該子会社にタックスクレジット（累損）があれば，子会社間の損益通算が可能になる。

　米国外のドミサイルであっても，そのビジネスが米国由来の場合，税法上の居住者という選択をして，米国所得税を納税できる条項が存在する。キャプティブで例えれば，所得税が原則免除されるバミューダのキャプティブが米国所得税を納税するということである。キャプティブに限らず，親会社がこのポジションを選択する場合は，外国子会社の所得税と自社のタックスクレジットを相殺するなど，トータルでの税コスト最適化を図ることに使われる。米国ドミサイルのキャプティブを活用する場合に考慮しなければならない米国連邦税は，所得税の他に連邦物品税（Federal Excise Tax; FET）と税源浸食濫用防止税（Base Erosion and Anti-avoidance Tax; BEAT）がある。

　FETは税源浸食の軽減措置の草分けであり，税法上の居住者が非居住者である外国保険会社に支払う保険料の一定割合，元受保険料なら４％，再保険料なら１％を源泉課税するものである。日本などと交わしている租税条約においてFET徴収は免除されているが，米国子会社が租税条約を交わしていない国に所在するキャプティブに支払う保険料はFETの対象になる。

　BEATは，トランプ政権発足時に導入した税制改正で法人税率を一律に21％まで引き下げる代わりに導入された，TP税制強化策の一環（CFC税制の強化やオフショア所得に課税するGILTI（Global Intangible Low-Taxed Income；米国外軽課税無形資産所得）の導入も含まれる）だが，TP税制とは別の規定である。

- 米国内売上高$500M（過去 3 年平均）以上
- Base Erosion Benefit（国外関連者費用）が損金全体の 3 ％を超える法人
- 米国外法人の支店，米国納税ポジションを選択している米国外法人も含む
- Base Erosion Benefitを再算入した課税所得にBEAT税率10%で計算した税額と，追加前の税額の差額がBEATの税額となる（下表）

　BEATの計算そのものは【図表 7 － 7 】のとおり単純だが，Base Erosion Benefitはグループの米国法人全体を対象とした計算になるため，事務負荷も含めて厄介な税制である。

【図表 7 － 7 】　BEATの税額計算例

	通常	BEAT
課税所得	$40	$40
キャプティブに支払った保険料		$70
修正課税所得		$110
課税所得@21%	$8.40	
修正課税所得@10%		$11
BEAT税額	$2.60	

　トランプ政権の後任であるバイデン政権はその新税制方針において，連邦所得税率の引上げやBEAT，GILTIの強化など，キャプティブもその影響を免れない増税方針を強く打ち出している。このように，米国ドミサイルを選択する場合には，世界でも類をみないほど複雑な税制とその変化に付き合っていかなければならない。

4.2. ドミサイルがその他の国の場合

　ユニークな税制を持つドミサイルをいくつか挙げる。

　スイスの場合，連邦所得税，州所得税，郡所得税がそれぞれ独立して課されており，筆者には複雑怪奇としか思えない。連邦所得税では，GAAP会計に基づく資本利益率のうち，国債利回りを超過する部分に相当する金額が課税所得となる。

　ルクセンブルグの場合，当国GAAPで計算された課税所得に所得税が課され

るが，再保険会社の場合は一定の水準に達するまでEqualization Reserve（平衡準備金）を積み上げることが義務づけられている。平衡準備金は利益準備金であり，経営の健全性を高める目的でそのような措置が導入されている反面，事実上の課税繰延が長期にわたって可能になる。所得課税の他に，資本金残高に対して資本金税が毎年課される。なお，マン島にも平衡準備金と同様の制度がある。

ミクロネシア連邦の場合，GAAP税前所得がそのまま課税所得となるため，税務がシンプルである。また，円貨で納税できるという点も特徴の1つである。

その他には，バミューダやケイマン諸島のように所得税が免除（Exempt）されているドミサイルや，現地政府と税率について事前に合意することができるガーンジー島のような例もある。

自家保険に活用するキャプティブの日系親会社にとって，平衡準備金（国によっては，Underwriting Reserve，Technical Reserveと呼ばれる）制度や課税免除，あるいは低税率課税の効果（グループ全体の課税繰延効果）はCFC税制によって打ち消されるため直接的なメリットにはならないが，キャプティブからの資金流出を減らす（増資の可能性を減らす）戦略を好む場合は，検討する価値がある。

5 ｜ 親会社の国内CFC課税（"原則合算ルール"）

　ここでは親会社が日本法人であるキャプティブの所得に関する本邦親会社への合算課税を想定して解説する。もちろん，キャプティブの親会社が米国法人（子会社）であれば米国CFC課税（サブパートF条項），あるいは英国法人や欧州法人が親会社の場合であれば，それぞれの国のCFC課税も検討課題となるのはいうまでもない。

【図表 7 − 8 】　CFC課税（タックスヘイブン税制）

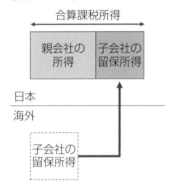

　2017年改正以前のCFC税制は，外国子会社の「租税負担割合」（現地基準の実効税率ではなく，本邦税制で再計算した実効税率）を合算判定税率（Threshold Rate）とし，租税負担割合が20％以上ならば合算課税の対象外，20％未満でも「適用除外基準」を満たせば資産性所得のみ合算課税の対象とする，限定的な合算制度であった。

　租税負担割合で合算判定することから「タックスヘイブン税制」と呼ばれていた本邦CFC税制は，OECD（経済協力開発機構）が2015年10月に公表した税源浸食と利益移転（BEPS）プロジェクトの行動 3 （タックスヘイブン税制の設計）に関する最終レポートに対応した改正BEPS対策プロジェクトの提言レポートを踏まえて，2017度の税制改正（平成29年度税制）において，「外国子会社合算税制」として課税フレームワークが抜本的に変更された。

　改正後は，「租税負担割合」が30％未満の「外国関係会社」は新たに導入された「経済活動基準」を満たさない限りすべて合算課税の対象となるだけでな

く，租税負担割合が20％以上であっても，「特定外国関係会社」に該当すれば合算課税される方式に変更された。抜本的な変更は他にもあり，「経済活動基準」を満たしていることを納税者が示すことが義務づけられている。

- 「外国関係会社」は，居住者や特殊な関係にある非居住者が直接・間接に10％以上の株式を所有する外国法人子会社の他に，居住者あるいは特殊な関係にある非居住者が実質支配権を及ぼす外国法人子会社を指す
- 「特定外国関係会社」は，「ペーパーカンパニー」，「キャッシュボックス」，「ブラックリストカンパニー」のいずれかに該当する「外国関係会社」を指す
  - 「ペーパーカンパニー」は，「実体基準」，「管理支配基準」のいずれも満たさない外国関係会社を指す
  - 「キャッシュボックス」は，「受動的所得基準」（総資産の30％超）と「資産基準」（金融資産と無形資産の合計が総資産の50％超）の両方を満たす外国関係会社
  - 「ブラックリストカンパニー」は，財務大臣が租税情報交換の取組みに非協力的な国・地域として指定した国・地域に本店または主たる事務所を有する外国関係会社
- 「経済活動基準」とは，「事業基準」，「実体基準」，「管理支配基準」，「非関連者基準」を指す
  - 「事業基準」は，主たる資産が株式・債券，無形資産，船舶・航空機リースでないこと
  - 「実体基準」は，本店所在地国において，事業遂行に必要な事務所や工場など，事業施設があること（事業施設は賃借でもよい）
  - 「管理支配基準」は，本店所在地国において，事業の管理，支配及び運営を「自ら」行っていること
    ① 株主総会および取締役会の開催
    ② 役員としての職務執行
    ③ 会計帳簿の作成および保管等が行われている場所
    ④ その他の状況
  - 非関連者基準は，主たる事業における取引の50％超が非関連者とのものであること（保険業）

（出典）「タックスヘイブン対策税制（2017年度税制改正）」KPMG税理士法人（2017年），「租税特別措置法関係通達66の6 −16（すべてに従事していることの範囲）」

外国関係会社の租税負担割合は次式で算出する。

【図表7－9】　租税負担割合の計算式

　現地では許されているが日本の税法では許されていない損金控除額に関するキャプティブの例では，過度のIBNR準備金繰入額，等があり，現地では許されていないが日本の税法では許されている損金控除額に関する例では，初年度収支残や異常危険準備金繰入額，等がある。ただし，

(1)　租税条約に基づいて軽課税率が適用される場合には当該軽減措置が適用されない場合の税額が支払われたものとみなされる
(2)　現地税率が課税所得の額に応じて累進的な場合はその最高税率が適用された場合の税額が支払われたものとみなされる

　例えば，マン島やルクセンブルグなどのキャプティブにおいて，平衡準備金（Underwriting Reserve，Technical Reserve，Equalization Reserve）繰入額50を控除後の現地課税所得を100，現地適用税率を30％と仮定した場合，現地納税額は30，CFC税制上の課税所得は100＋50＝150となり，租税負担割合は30÷150＝20％となるので合算課税の対象となる。さらに，現地最高税率50％の仮定を追加すると，実際の納税額30は変わらないが，租税負担割合は 50/（100＋50）＝33.3％となり，合算課税の対象にはならない。

　2017年度の改正では，キャプティブが「特定外国関係会社」に該当するのかどうか，専門家の間でも解釈が分かれていたが，2019年度の改正（平成31年度税制改正）において，その点を狙い撃ちするかのように，「キャッシュボックス」の定義に海外保険子会社の判定基準が加わった。以下の基準をいずれも満たす外国関係会社は「キャッシュボックス」と定義されている。

> (1) 収入保険料に占める非関連者からの収入保険料の割合が10％未満　かつ
> (2) 収入保険料に占める非関連者に対する支払再保険料の割合が50％未満

（出典）「平成31年度税制改正の大綱（閣議決定）」内閣府（2018年）

　フロンティング会社からの再保険料（以下，フロンティング再保険料）が「非関連者」からの収入保険料に該当するのかどうかは明記されていないが，保険業を主業とする内国法人の外国関係会社関連規定などを援用すると，どうやらフロンティング再保険料は「非関連者取引」には該当しないと解釈せざるを得ないようである。つまり，キャプティブの租税負担割合が20％以上（米国ドミサイル，ミクロネシア連邦，ラブアン（マレーシア）など日系キャプティブ）であっても，少なくともその大半は「キャッシュボックス」すなわち「特定外国関係会社」として合算対象になると考えたほうがよいということになる。

　それでは，キャプティブの合算課税を回避するために，上記キャッシュボックス判定基準のうち，「収入保険料に占める非関連者に対する支払再保険料の割合が50％未満」を満たすような，再保険ヘッジに大きく依存した引き受けスキームを実施すれば本当にいいのだろうか。

　むしろ，CFC課税の有無やドミサイルの税率がドミサイル選択にほとんど影響を及ぼさなくなったという点をポジティブに評価すべきと思われる。

　一般的に，再保険ヘッジに大きく依存した引受スキームを実現するためには，フロンティング再保険料を増やす（＝再保険ヘッジ前の自家保険の量を増やす）ことが必要になる。その結果，フロンティング・フィーも増える。フロンティング会社が要求する再保険料手数料率（20～30％が典型的）は，自社の実効税率とキャプティブの租税負担割合の差（税率差）よりも大きいはずである。そうであるならば，むしろ合算課税されたほうが追加手数料よりも追加税額のほうが小さいので親会社にとっては割安である。自社の実効税率が20％以下ならば，合算課税を選択したほうがむしろ都合がいいともいえる。

　一方，キャプティブ自家保険が元受スキームの場合は，元受けで買うエクセス保険ヘッジプログラムの一部をキャプティブの再保険ヘッジプログラムで代替すれば上記基準2（支払再保険料の割合が50％未満）を満たすことはできるが，CFC税制対策のためにそのようなことをするのは本末転倒であろう。堅牢なスキームを再保険市場に依存した脆いスキームに"改悪"する価値が本当にあるとは思えない。

6 キャプティブの国内PE課税

　ある国で経済活動をしているかどうかの判断基準として，PE（Permanent Establishment: 恒久的施設）の有無という概念がある。「PEがなければ課税なし」というように，PEがない場合は当該国での事業所得は課税されず，本国で課税される。

　キャプティブは，日本から見れば外国籍を有する別個の法人，すなわち非居住者であり，その留保所得に本邦の課税権が及ぶことはない。ただし，キャプティブが日本において税法上の事業活動をしているとみなされる場合には，その原則が覆って，キャプティブ自体に日本の課税権が及ぶことになり，現地の課税権と競合することになる。日本とドミサイルの間で二重課税を調整する租税条約が交わされていなければ，二重課税を回避することができなくなる。

【図表7－10】　PE課税（非居住者税制）

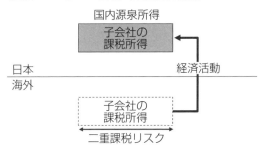

　例えば，企業としての意思決定が本邦国内で行われているとみなされれば，国内で事業活動をしているとみなされる余地が生じてくる。意思決定の場は取締役会だが，利便性ゆえに現地に赴かず電話会議やテレビ会議だけですませていると，意思決定の場が日本国内にあると認定されるリスクが高まる。その結果，キャプティブの所得に日本の法人所得税が課されることになるかもしれない。委託契約も交わさずにキャプティブの運営支援をする場合には，事業実体は国内にあるとされるかもしれない。あるいは，キャプティブが元受けをする場合に，その契約に至る一連の手続を自社内で完結している場合には，キャプティブが営業活動を日本で行っているとみなされるかもしれない。手間とコストを節約するためにできるだけ社内で完結することの意義は大いに理解できる

が，PE税制による課税リスクにも目を向けたほうがいいだろう。

とはいえ，キャプティブがCFC合算対象となるならば，PE課税される分は，そのタイミング差はあるにせよ，CFC課税と相殺されるので問題にはならないかもしれない。CFC合算対象にならない場合であっても，本邦TP税制に対応して国別報告書（Country-by-Country Report; CbCレポート）を用意しているような企業ならば杞憂に終わるかもしれない。

それでも，二重課税リスクが本当にないのかを検証しておくことは重要である。

第8章

正味リスクコストを
算出する
～簡易シミュレー
ション～

1 　正味リスクコスト比較のフレームワークを振り返る

　リスク全体のトータルコスト削減手法の1つである自家保険の経済合理性を理解した後に，キャプティブ自家保険をその手段として採用するためには，自家保険スキームにフォーカスした正味リスクコストの評価を行い，その経済価値や損得勘定を明らかにしなければならない。第1章～第7章までの説明で，自家保険スキームについて，3つの選択肢，すなわち，単純自家保険，キャプティブ自家保険，自家保険ファイナンスの代替としての保険ヘッジ，を正味のリスクコストの違いで比較するための考え方やフレームワークを網羅したのは

【図表8－1】　保険リスクのトータルコスト最適化をターゲットに据える
　　　　　　　（【図表1－1】再掲）

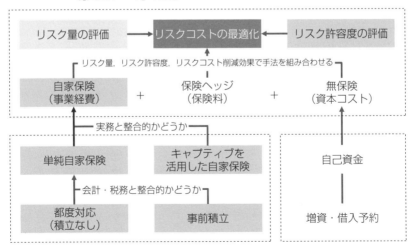

そのためである。

トータルリスクコスト（TCoR）

=自家保険損害額期待値＋保険ヘッジコスト

経済リスクコスト（ECoR）

=TCoR＋リスクチャージ=自家保険損害額期待値＋保険ヘッジコスト＋リスク
チャージ

【図表8－2】　損害額の分布曲線とリスク資本（【図表1－10】再掲）

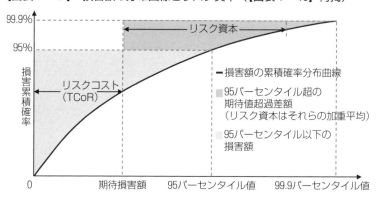

【図表8－3】　保有上限の調整による経済リスクコストの最適化イメージ
（【図表1－9】再掲）

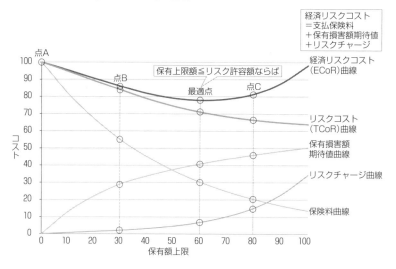

【図表8－4】 自家保険部分にフォーカスしたコスト比較を行う（【図表6－1】再掲）

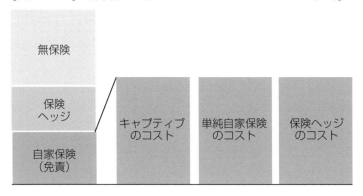

単純自家保険のコスト

＝外部流出コスト（実際の損害額）

　－税効果（グループ各社）

キャプティブ自家保険のコスト

＝外部流出コスト（実際の損害額，再保険料，運営経費，税金）

　－税効果（グループ各社；単純自家保険との差異）

　＋資本コスト（機会損失；単純自家保険との差異）

【図表8－5】 損益取引で資本取引の効果（支払原資の拡大・循環）を生み出す
（【図表5－1】再掲）

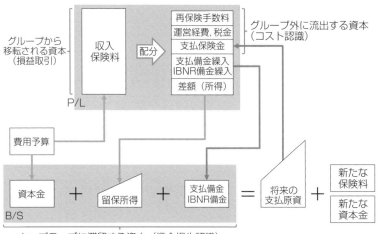

【図表８－６】 資金循環モデルの違い（【図表５－３】再掲）

事業会社＝キャッシュ消費回収モデル
- 目的＝資本回転による収益増大
- 資本は設備や原材料に変換され，製品やサービスを販売することで投下した資本を回収する
- 資本と運転資金が区別される
- 支出の額とタイミングは事前にわかる
- 収入の額とタイミングは事前にわからない

キャプティブ＝キャッシュ受取支払モデル
- 目的＝コスト節減（商業保険会社ではない）
- 資本は必要な時まで使われない（商業保険会社と同じ）
- 資本と運転資金の区別がない（同上）
  - 通常の資金は保険料で賄われる
  - 不足する場合には資本金が使われる
- 収入の額とタイミングは事前にわかる（同上）
- 支出の額とタイミングは事前にわからない（同上）

【図表８－７】 損害キャッシュ・フローと保険料キャッシュ・フローの例（【図表６－３】再掲）

【図表８－８】 収入認識のタイミング，損害キャッシュ・フローと準備金繰入額の関係（【図表６－５，６－６】再掲）

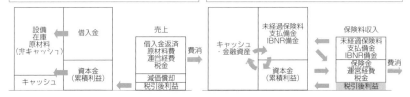

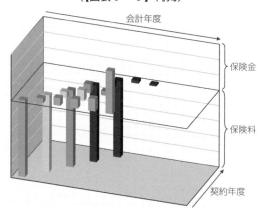

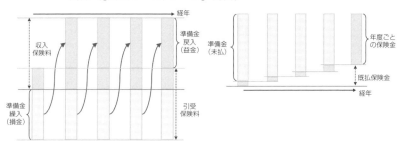

【図表 8 − 9】 日本企業が対応しなければならない主な国際税務（【図表 7 − 2】再掲）

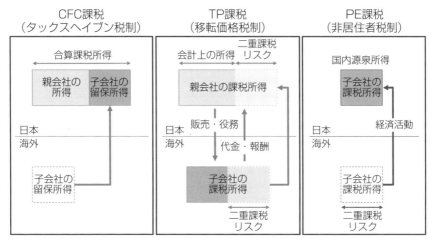

【図表 8 −10】 キャプティブ自家保険と単純自家保険のコスト比較概念

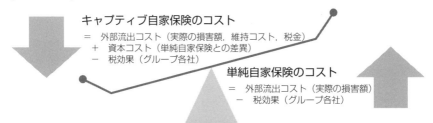

　キャプティブ自家保険の正味リスクコスト評価のフレームワークは，理論・実務・クライアントニーズに裏打ちされた筆者のオリジナルであるが，実務で大いに活用している。

　ここからは，これまで所与として説明してきた「内部取引」と「機会損失」の概念やその量を計算する方法を説明した上で，これらのフレームワークと具体的な数値を用いて，キャプティブ自家保険と単純自家保険それぞれの正味リスクコストの算出を試みる。

2 単純自家保険と保険ヘッジの正味リスクコストを計量する

　自己負担する損失の額，あるいはヘッジ保険料，これらはグループ全体から見ればいずれも外部者への支払あるいはグループ資産の毀損という形で，資金あるいは経済価値が流出するものである。これらの「外部取引」による流出キャッシュ（外部流出キャッシュ）を時系列で集計することが，それぞれの手法ごとのコストを計量する第一歩である。

　想定損害額の外部流出キャッシュの額とパターンの例を取り上げながら，単純自家保険と自家保険ファイナンスの代替としての保険ヘッジの正味リスクコストを計算する。

2.1. 単純自家保険とその代替策である保険ヘッジの単年度コストモデル

<u>単純自家保険のコスト</u>
＝外部流出コスト（実際の損害額）
　－税効果（グループ各社）

<u>保険ヘッジのコスト</u>
＝外部流出コスト（実際の保険料，保険料税）
　－税効果（グループ各社）

　単純自家保険においては，キャプティブ自家保険のようなグループ間での資金のやりとりがなく，外部流出コストは保険損害のキャッシュ・アウトだけである。事故解決に要する費用も含まれるが，それらを損害額の一定割合に置換すれば，損害額とその派生額を時系列で数値を並べるだけでよい。つまり，単純自家保険スキームのコストを左右するのは実際に発生する損害の額とそのバラつきである。損害額時系列を現実に近い，もっともらしい数列にしたければ，それらを再現するような確率関数を用いればよい。

　一方，保険損害は税法上の損金なので，税効果（税クレジット）は保険損害のキャッシュ・アウト額に比例する。損害負担者が国を跨っている場合は，それぞれに異なる実効税率を適用すれば損害に起因する税効果の総額を計算でき

る。

　同様に，保険ヘッジの正味コストは保険料と保険料の損金算入による税効果である。保険料は需要と供給に従って市場（保険会社）が決めるものだが，損害額との相対比較では固定費である。保険料負担者が国を跨っている場合は，それぞれに異なる実効税率を適用すれば支払保険料に起因する税効果の総額を計算できる。

【図表8−11】　取引の内外区分

損害	外部取引	● グループの費用 ● 税コスト削減効果
保険料	外部取引	● グループの費用 ● 税コスト削減効果

　グループの日本所在法人グループと米国所在法人グループのリスク負担割合を50％ずつと仮定し，単純自家保険とその代替策である保険ヘッジのコストモデルを表現すると**【図表8−12】**のようになる。

【図表8−12】　単年度コストモデルの要素

	単純自家保険	単純自家保険 税効果
損害	確率モデル	確率モデル×WA税率
小計	(A)	(B)
	単純自家保険コスト＝(A)−(B)	

	保険ヘッジ （自家保険代替策）	保険ヘッジ 税効果
元受保険料 (J/U＝ 50%/50%)	保険料	保険料×WA税率
小計	(C)	(D)
	保険ヘッジ・コスト＝(C)−(D)	

注：税率J＝本邦法人税率，税率U＝米国連邦所得税率，税率C＝ドミサイル所得税率，WA税率＝税率Jと税率Uの加重平均

　ところで，損害保険や保険数理のテキストで典型的に見かける損害保険料の計算式（以下の数式）をじっくり見てほしい。ちなみに，式の分子は純保険料，分母は純保険料に付加保険料を加える（グロスアップする）ための割引率である。

【図表 8 −13】　損害保険料の典型的な計算式

$$\text{理論保険料 (P)} = \frac{\left(\begin{array}{c}\text{保険損害平均}\\(A)\end{array}\right) + \left(\begin{array}{c}\text{クレーム処理費用}\\(B)\end{array}\right) + \left(\begin{array}{c}\text{リスクチャージ}\\(C)\end{array}\right)}{\left(1 - \left(\begin{array}{c}\text{保険会社の社費}\\(PのX\%)\end{array}\right) - \left(\begin{array}{c}\text{媒介手数料}\\(PのY\%)\end{array}\right)\right)}$$

　式のＡ項は何らかの「数理モデル」を使って算出された損害額平均の予測値である。式のＢ項は単純自家保険の議論と同様にＡ項の一定割合で置換できる。Ｃは損害額のバラつきや予測値の確からしさに対するペナルティを純保険料の一部として加算しているにすぎないので，Ｃ項もまたＡ項の一定割合で置換できる。

　一方，保険会社の社比率Ｘ（5 〜10％）と媒介手数料率Ｙ（5 〜30％）は保険会社ごとあるいは種目ごとに異なるが，適当な定数を入れればよい。つまり，単純自家保険のリスクコスト算出も保険料算出も，共通の損害額時系列に基づいて計算できるということである。

2.2. 単純自家保険の時系列シナリオ

2.2.1. 小規模損害の例

　X1年，X4年，X5年に損害が発生し，各年度内に支払が完了するシナリオを想定する。損害が発生した時期と支払の時期でマトリックスにしたラダーチャート（ロス・トライアングル）は【図表 8 −14】のとおりとする。現実の世界では，年度ごとに実効税率が異なるが，ここでは一定とする。

【図表 8 −14】　単純自家保険における小規模損害のラダーチャート例

	X1会計年度	X2会計年度	X3会計年度	X4会計年度	X5会計年度	発生額合計
X1発生年度	5	0	0	0	0	5
X2発生年度		0	0	0	0	0
X3発生年度			0	0	0	0
X4発生年度				15	0	15

X5発生年度					20	20
支払損害合計	5	0	0	15	20	40
税効果(30%)	-1.5	0	0	-4.5	-6	12
正味リスクコスト	3.25	0	0	9.75	13	28

　キャッシュがグループ外部に出ていくイメージを表したものが【図表 8 － 15】である。バーの面積が金額の大小を表し，バー内部の数値は事故発生年度を表す。コーポレートファイナンスの流儀では，区切り線を境にしてキャッシュ・インは上向き，キャッシュ・アウトは下向きの線で表現するが，キャプティブ自家保険の項と合わせるため，あえて逆向きで表現している。この表記方法を使って，ラダーチャートをキャッシュ・インとキャッシュ・アウトの図形で表現すると【図表 8 － 15】のようになる。

　時系列に従って外部流出コストと税効果をそれぞれ計算し，外部流出コストから税効果の合計額を差し引いたものが単純自家保険のコスト（5 年間の将来価値）となる。

【図表 8 － 15】　単純自家保険における小規模損害のキャッシュ・フロー・イメージ

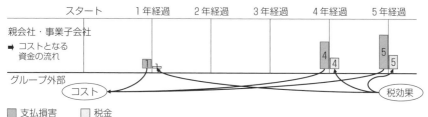

　リスクコストの正味現在価値（NPV）も時系列でそれぞれ割り引けば，容易に求めることができる。ちなみに【図表 8 －15】はコーポレートファイナンスの流儀どおりである。

【図表 8 −16】　単純自家保険における小規模損害の割引現在価値算出イメージ

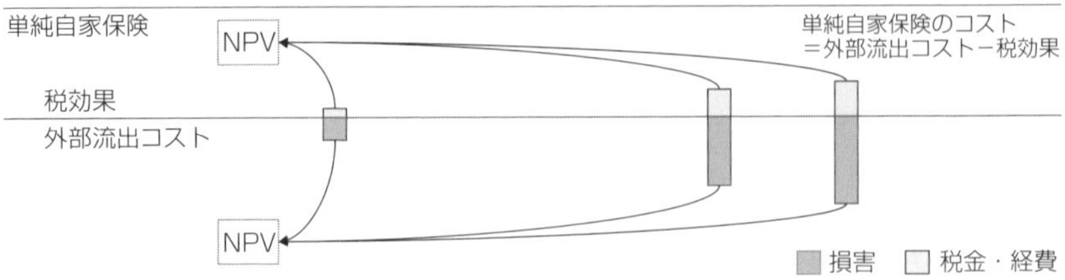

支払損害を支払保険料に置き換えれば保険ヘッジの正味リスクコストを時系列で表現できる。

2.2.2　大規模損害の例

X2年に高額損害が発生し，偶然にも同額の支払が 4 年続いて支払完了となり，その他の年度は無事故というシナリオである。

【図表 8 −17】　単純自家保険における大規模損害のラダーチャート例

	X1会計年度	X2会計年度	X3会計年度	X4会計年度	X5会計年度	発生額合計
X1発生年度	0	0	0	0	0	0
X2発生年度		40	40	40	40	160
X3発生年度			0	0	0	0
X4発生年度				0	0	0
X5発生年度					0	0
支払損害合計	0	40	40	40	40	160
税効果(30%)	0	-12	-12	-12	-12	-48
正味リスクコスト	0	28	28	28	28	112

X2年に，後から見れば160になる損害が発生し，40の支払が発生した。この時点ではいつ支払完了になるかわかっていない。支払損害が税法上の費用となるのは少額損害の例と同様である。

【図表 8 −18】 単純自家保険における大規模損害のキャッシュ・フロー・イメージ

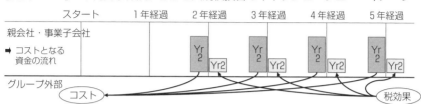

　金額の大小あるいは発生のタイミングにかかわらず，コスト計算方法は小規模損害の場合と同様であることが理解できるだろう。当たり前だと思うかもしれないが，小規模損害の場合と大規模損害とでは，単純自家保険と共通の損害キャッシュ・フローを使っても，財務キャッシュ・フローがまるで異なることを説明するための布石である。

　上記 2 例は，いわば，ノーマルシナリオとワーストシナリオを取り上げたようなものであり，リスクコストのサンプル数としては不十分である。しかしながら，無事故を含む様々な支払パターンを同様の方法で計算すれば，それぞれの正味リスクコストを多数得ることができる。いまでは表計算ソフトがあるので，もっともらしいパターンをコンピュータに抽出させるのも難しいことではない。もっと本格的に不確定な事象を計量評価する必要がある場合，何らかの確率モデル（確率関数）に基づくモンテカルロ・シミュレーション手法を導入すればよい。

　いずれにせよ，それらの平均値と，機関代理店手数料や税効果を反映した正味保険料コストを比較すれば，単純自家保険とその代替策である保険ヘッジの正味リスクコストをコーポレートファイナンスの流儀・方法で比較できるようになると理解できれば，ここでは十分である。

3　キャプティブ自家保険の正味リスクコストを計量する

　単純自家保険と異なり，キャプティブ自家保険の正味リスクコストは自家保険部分の保険ヘッジコストも含めて考える必要がある。フロンティング会社が100％出再できない場合のフロンティング会社が留保する保険料がそれに該当する。保有効率を優先すれば受再割合100％が理想的だが，キャプティブ自家保険スキームの多くは，非受再部分が残ってしまうのが実情である。一方，キャプティブの再保険ヘッジは，元受プログラムのエクセス・カバーと実質的に同じであり，キャプティブの収入保険料をその分だけ減らせばよい。つまり，キャプティブの正味保有リスクのコストとフロンティング会社の留保保険料の合計をキャプティブ自家保険のコストと定義して初めて，単純自家保険との比較ができる。

【図表 8 −19】　各手法のコストをApple-to-appleで比較する

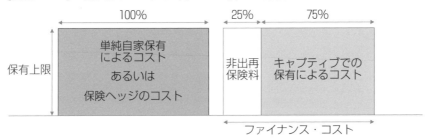

　キャプティブ自家保険の正味リスクコストを計量するには，ファイナンスと単純自家保険のいずれにも共通するコスト項目，すなわち，想定損害額の外部流出キャッシュの時系列（発生タイミングと額）がわかれば，あとは税効果や資本コスト（機会損失）の違いにすぎない。ただし，資本コスト（機会損失）の「違い」と表現しているとおり，資金提供者の期待を換算した金額という通常の資本コストではなく，単純自家保険では考慮する必要はないが，キャプティブ自家保険では考慮しなければならない経済価値（特有のコスト）を集計することになる。

　機会損失を計量するためには，それがなぜキャプティブ特有なのかということをまず理解する必要がある。

3.1. キャプティブ自家保険特有の資本コスト(機会損失)の考え方

コーポレートファイナンスにおいて「資本コスト」という考え方は極めて重要な要素である。その算出には様々な手法があるが，一般的には，加重平均資本コスト（Weighted Average Capital Cost; WACC），すなわち，資本提供者（株主と債権者）の期待利回りの加重平均として算出される。

ビジネスの現場にとってWACCはなじみにくい概念かもしれないが，非常に大雑把にいえば「機会損失」を数値として評価するということである。前述したとおり，キャプティブに資金が移転すると，その資金は原則として本業に使えなくなるため機会損失が発生する。これをキャプティブに出資される資金の例で説明する。

【図表8－20】はキャプティブの親会社や子会社の資金がキャプティブに移転したことを示している。親・子会社から見ればキャッシュ流出，キャプティブから見ればキャッシュ流入，グループ全体では流入と流出が相殺された状態である。これは，キャプティブへの出資額が1年後に親会社に返却されると同時に，再度キャプティブに出資されると見ることもできる。

このように考えることが資本コスト（機会損失）を理解する上でのヒントになる。GAAPや税会計といった制度会計においては資本コストという概念がないので，何もしなければキャッシュが寝ているだけになり，1年後の会計上の金銭価値は1年前と比べて増えも減りもしない。

【図表8－20】　キャプティブにとどまる資金の会計上の価値は経年で変化しない

これに対して，複利の世界，あるいはハードルレート（資金提供者の期待利回り）達成・超過を目標にしている企業活動の世界では，資金が手元にあれば，1年後の将来価値はハードルレート相当額が加わった価値を有していることが期待される。この期待を実現するために企業は事業活動を行っているともいえ

る。

　しかしながら，キャプティブの資金は本業に再投資できないというライセンス上の制約があるため，キャプティブに資金がとどまる限り，ハードルレート達成は原理的に困難である。すなわち，ハードルレート達成を当初から期待できないところに資金をとどめ置くのであれば，コーポレートファイナンスの観点（あるいは管理会計の観点）では，期待されている価値を機会損失として認識しなければならない，ということである。

【図表8－21】　キャプティブにとどまる資金の経済的価値は経年で減価する

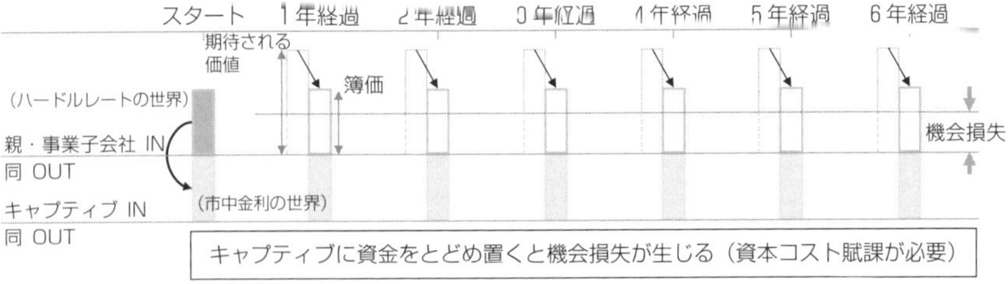

　このような機会損失の考え方は資本金にだけ当てはまるのではなく，保険料や保険金など，グループ間の取引によってキャプティブと親・子会社との間を行き来する資金すべてに当てはまる。キャプティブに流入する内部資金はハードルレート達成を期待できる事業資金から，機会損失を生み出す「元本」に「変身」し，キャプティブから親・子会社に還流する内部資金はハードルレート達成を期待できる資金に「変身」して機会損失を消滅させると考えることができる。

　一方，キャプティブから直接・間接的に支払われる外部流出コストは，ハードルレート達成を期待できない資金を外部に放出することで，ハードルレート達成を期待できる親・子会社の事業資金を減らさずにすむという意味で機会損失を減少させる。キャプティブ自家保険による親・子会社の税効果もまた，ハードルレート達成を期待できる事業資金を減らさずにすむ，あるいはその減少を抑えるという意味で機会損失を減少させる効果を持つ。

3.2．キャプティブ自家保険の資本コスト（機会損失）と内部取引

　すでに説明したように，支払損失とその税効果を計量する点は単純自家保険と同様だが，キャプティブ自家保険の場合は，グループ間取引（以下「内部取

引」という）を要因とするコストへの影響を加味する必要がある。

　同じ取引を外部者と行えばコストになるが，内部者と行う取引（内部取引）は取引に伴う会計上の損益が連結ベースでは相殺されるので，それ自体はグループ全体の収益にも費用にもならない。損益中立の取引ということは，グループにとって資本取引と同じ性質を持つということである。したがって，内部取引があることによってグループ内外でのキャッシュ・フローの額とタイミングが単純自家保険のそれと比べて増減し，それが税効果の違いや資本コスト（機会損失）という形で現れることになるのである。

- 内部取引とは，同じグループに属する同士で，一方(A)が損失と認識する取引を他方(B)が収入として認識する取引（定義）
  ⇒資金がAからBに移転しただけ
  ⇒P/L取引の形態でB/S取引を行っている
- A，Bそれぞれの税法上の損金算入効果が同じとは限らない
  ⇒特に国際間取引では顕著
  　－CFC課税
  　－TP課税
  　－PE課税
- A，Bそれぞれが同じハードルレートを達成できるとは限らない
  ⇒ハードルレートを達成できるAから達成できないBに資金が移転する
  ⇒Aに機会損失が生じる（＝資本コストを賄うことができない）

　キャプティブ・ファイナンスにおいては国内取引と国際取引が組み合わされるので，国内税務だけでなく，国際税務，すなわちわが国やグループ会社が所在する国におけるCFC課税，TP課税，キャプティブのPE課税の有無が全体のコストに影響を及ぼす。内部P/L取引はこれらの税効果（コスト）を増減させる要素である。

　例えば，グループ各社が支払う保険料を税法上の損金として処理できる場合とそうでない場合がある。保険料を損金処理できない場合は，単純自家保険と同様に，発生損害を損金処理することになる。また，キャプティブの収益が親会社の収益と合算されて課税される場合がある。さらに，非居住者であるはずのキャプティブの収益が，わが国あるいは他の国の居住者と認定されて直接課税される場合もある。

　これらの課税関係の違いは，グループ各社が所在する国，キャプティブが所在する国，それぞれの所得税法の違い，ロイヤルティ・知的財産報酬・保険料・その他のシェアードサービス費用のアロケーション（配賦）方法の違い，各社が管理する繰延税金資産・負債の違い，キャプティブの所有形態，キャプティブの役員構成，キャプティブの日々の活動への関与の仕方などによって異なってくる。これらは国際税務の専門家からの適切なアドバイスを必要とする税務戦略の問題であり，企業の戦略によって，またその時点での法制度によって対応が異なってくる税コスト増減問題だが，トータルコストに反映されるという点で，キャプティブ自家保険の正味リスクコストに影響を及ぼす。

　一方，内部B/S取引はグループの資本コスト（≒機会損失）増減要因となる。キャプティブ自家保険は，大雑把にいえば，事前に資金（資本金＋保険料）をキャプティブに移転しておき，後から保険金としてグループに戻すことを繰り返すスキームである。保険成績が良好であれば，また，あるいは賠償責任リスクのように支払のタイミングが数年間繰り延べられるような場合には，キャプティブの管理下にとどめ置かれる資金が膨らんでいく。このこと自体は望ましいことである反面，「企業資金の再投資」の要請に応えることができなくなるおそれがある。そこで，キャプティブにとどめ置かれた資金は必要とされるまでの間，安全資産に投資されたり，グループの運転資金として貸し付けられたりされる。しかしながら，安全資産の期待リターンはグループ全体に期待されるリターン（資本コスト率）よりも小さいため，価値の目減り，すなわち機会損失は避けることができない。また，機会損失は，制度会計では捕捉できないオフバランスコストだということもできる。

　それでは，キャプティブ・ファイナンスにおいて顕著な内部取引と外部取引を実際に見てみよう。

　制度会計においてP/L取引として処理されるアイテムからスタートする。キャプティブの会計上の収益源泉である保険料は内部取引なので，グループ全体では損益上プラスマイナスゼロという意味で「中立」である。

【図表8−22】 キャプティブ自家保険における取引の内外区分（P/L取引）

保険料（キャプティブの収入＝親・子会社の費用）	内部取引	・グループの損益は中立 ・キャプティブの資本コスト増加要因
保険金（キャプティブの費用＝親・子会社の収入＝損害）	外部取引	・キャプティブ自家保険のコスト ・キャプティブの資本コスト減少要因
投資収入（ローンバック以外）	外部取引	・キャプティブの資本コスト減少要因
グループ内貸付金利収入（キャプティブの収入＝親・子会社の費用）	内部取引	・グループの損益は中立 ・キャプティブの資本コスト増加要因
維持コスト（キャプティブの費用）	外部取引	・キャプティブ自家保険のコスト ・キャプティブの資本コスト減少要因
所得税（同上）	外部取引	・キャプティブ自家保険のコスト ・キャプティブ自家保険の資本コスト減少要因
内部取引のグループ関連税効果	外部取引	・キャプティブ自家保険の税効果増減要因

　次に，制度会計においてB/S取引として処理されるアイテムを列挙する。資本コストは制度会計のアイテムではなく管理会計のアイテムだが，B/S由来のものという意味で一緒に表記する。

【図表8−23】 キャプティブ自家保険における取引の内外区分（B/S取引）

出資（キャッシュ・イン）	内部取引	・キャプティブ自家保険の資本コスト増加要因
配当（キャッシュ・アウト）	内部取引	・キャプティブ自家保険の資本コスト減少要因
ファクタリング（同上）	内部取引	・同上
グループ内貸付（同上）	内部取引	・同上
資本コストとは？	管理会計	・キャプティブに資金が滞留することによる機会損失

3.3. キャプティブ自家保険の単年度コストモデル

3.3.1. 支払保険料を税法上の損金とする場合の例

　単純自家保険と同様のフレームワークで，キャプティブ自家保険のリスクコストモデルが税務方針で変化する様子を説明する。

　単純自家保険の例と同様，グループの日本所在法人グループと米国所在法人グループのリスク負担割合を50％ずつと仮定し，さらに，キャプティブを本邦CFC税制上の特定外国関係会社とみなしてキャプティブ自家保険のコストモ

デルを表現すると【図表 8 −24】のようになる。

【図表 8 −24】　キャプティブ自家保険の単年度コストモデルの要素

	キャプティブ（受再分）	キャプティブ（受再分）税効果	コーポレート（受再分）税効果	コーポレート（非受再分）	コーポレート（非受再分）税効果
元受保険料（J/U＝50％/50％）	n/a	保険料×受再割合×税率C（コスト）	保険料×受再割合×WA税率	保険料×非受再割合	保険料×非受再割合×WA税率
再保険手数料	保険料×受再割合×手数料率	手数料×税率C	n/a	n/a	n/a
損害（支払）	確率モデル（支払）×受再割合	確率モデル（支払）×受再割合×税率C	n/a	n/a	n/a
損害（準備金）	確率モデル（準備金）×受再割合	確率モデル（準備金）×受再割合×税率C	n/a	n/a	n/a
キャプティブ運営コスト	定額	運営経費×税率C	n/a	n/a	n/a
その他	n/a	n/a	キャプティブの留保所得に対するCFC課税額	n/a	n/a
小計	(E)	(F)	(G)	(H)	(I)
	キャプティブ自家保険コスト＝(E)−(F)−(G)＋(H)−(I)＋資本コスト				

注：税率J＝本邦法人税率，税率U＝米国連邦所得税率，税率C＝ドミサイル所得税率，WA税率＝税
　　率Jと税率Uの加重平均

　損害モデルは単純自家保険と共通であり，保険料の税効果モデルは保険ヘッジと共通であることがわかる。

　損害モデルの部分は，自家保険の主体が自社からキャプティブに置き換わり，自家保険割合100％だったのが受再割合に置き換わり，保険GAAPを反映して，支払と準備金繰入額に分かれ，新たに，保険会社留保分が「(H)コーポレート（非受再分）」や「(I)コーポレート（非受再分）税効果」として加わっているにすぎない（キャプティブ元受の場合は出再手数料や非受再分をゼロにすればよい）。

　一方，単純自家保険との相違点は，キャプティブとの内部取引から生じる税効果を「(G)コーポレート（受再分）税効果」が加わっていることである。さらに，「キャプティブの留保所得に対するCFC課税額」を追加されている。これらは自社の税務方針・税務処理によって変化する。

　なお，簡略化のため，CFC課税額と資本コスト（機会損失）は文言のみにとどめている。

3.3.2. 米国分保険料を税法上の損金としない場合の例

税務処理の違いがコスト計算に与える影響がどこに現れるかを表現してみる。

米国子会社が負担する保険料・保険金を米国税法上の資金移転として，支払損害を損金として処理（すなわち単純自家保険と同じ処理）に変え，本邦子会社の保険料・保険金は従来の処理とする場合，「(G)コーポレート（受再分）税効果」のうち，元受保険料に由来する税効果から米国グループ分が消え，損害（支払）に由来する税効果に米国グループ分が加わる。

【図表 8 −25】 支払保険料の一部を損金としない場合の単年度コストモデルの要素

	キャプティブ（受再分）	キャプティブ（受再分）税効果	コーポレート（受再分）税効果	コーポレート（非受再分）	コーポレート（非受再分）税効果
元受保険料（J/U＝50%/50%）	n/a	保険料×受再割合×税率C(コスト)	保険料×受再割合×シェアJ×税率J	保険料×非受再割合	保険料×非受再割合×WA税率
再保険手数料	保険料×受再割合×手数料率	手数料×税率C	n/a	n/a	n/a
損害（支払）	確率モデル(支払)×受再割合	確率モデル(支払)×受再割合×税率C	確率モデル(支払)×受再割合×シェアU×税率U	n/a	n/a
損害（準備金）	確率モデル(準備金)×受再割合	確率モデル(準備金)×受再割合×税率C	n/a	n/a	n/a
キャプティブ運営コスト	定額	運営経費×税率C	n/a	n/a	n/a
その他	n/a	n/a	キャプティブの留保所得に対するCFC課税額	n/a	n/a
小計	(E)	(F)	(G)	(H)	(I)
キャプティブ自家保険コスト＝(E)−(F)−(G)+(H)−(I)+資本コスト					

注：税率J＝本邦法人税率，税率U＝米国連邦所得税率，税率C＝ドミサイル所得税率，WA税率＝税率Jと税率Uの加重平均

3.3.3. 支払保険料のすべてを税法上の損金としない場合の例

同様に，すべての保険料・保険金を税法上の資金移転として，支払損害を損金として処理する場合である。キャプティブを活用しながらも，税務上の取扱いは単純自家保険の場合と同じということである。保険料支払による税効果はすべて消滅し，支払損害のみが税効果の対象となる。

【図表 8 −26】　支払保険金の一部を損金としない場合の単年度コストモデルの要素

	キャプティブ（受再分）	キャプティブ（受再分）税効果	コーポレート（受再分）税効果	コーポレート（非受再分）	コーポレート（非受再分）税効果
元受保険料（J/U＝50%/50%）	n/a	保険料×受再割合×税率C（コスト）	n/a	保険料×非受再割合	保険料×非受再割合×WA税率
再保険手数料	保険料×受再割合×手数料率	手数料×税率C	n/a	n/a	n/a
損害（支払）	確率モデル（支払）×受再割合	確率モデル（支払）×受再割合×税率C	確率モデル（支払）×受再割合×WA税率	n/a	n/a
損害（準備金）	確率モデル（準備金）×受再割合	確率モデル（準備金）×受再割合×税率C	n/a	n/a	n/a
キャプティブ運営コスト	定額	運営経費×税率C	n/a	n/a	n/a
その他	n/a	n/a	キャプティブの留保所得に対するCFC課税額	n/a	n/a
小計	(E)	(F)	(G)	(H)	(I)
	キャプティブ自家保険コスト＝(E)−(F)−(G)＋(H)−(I)＋資本コスト				

注：税率J＝本邦法人税率，税率U＝米国連邦所得税率，税率C＝ドミサイル所得税率，WA税率＝税率Jと税率Uの加重平均

3.4.　キャプティブ自家保険の時系列シナリオ

　損害シナリオは単純自家保険の例で示したものとする。また，キャプティブ自家保険特有の設定は以下のとおりとする。

- 初期資本金20
- 保険料20
- 維持コスト1
- キャプティブ所得税率20%
- グループの支払保険料は全額損金算入，グループの受取保険金は全額益金算入（ただし，実損害と相殺されてプラスマイナスゼロ）
- キャプティブは本邦CFC税制上の特定外国関係会社とする
- 正味リスクコストの計算において，税クレジットは年度末に即時還付されるものとする。

3.4.1.　小規模損害の例

　上記仮定に加えて，小規模損害なので，準備金計上はないものとする。

　単純自家保険と同じ損害キャッシュ・フローにおいて，正味リスクコストと
キャプティブの留保資金がどう変化するかを示したものが下表である。

　正味リスクコストの金額の他に，初期資本金20と 5 年分の保険料100がキャ
プティブに流入し，損害40，経費 5 ，対応する所得税11が外部流出した結果，
キャプティブに留保資金64が残ったことと，留保資金残高が漸増したことが読
み取れる。

【図表 8 −27】　単純自家保険の小規模損害ラダーチャート＋キャプティブ自家保険
　　　　　　　固有の要素

	X1会計年度	X2会計年度	X3会計年度	X4会計年度	X5会計年度	発生額合計
X1発生年度	5	0	0	0	0	5
X2発生年度		0	0	0	0	0
X3発生年度			0	0	0	0
X4発生年度				15	0	15
X5発生年度					20	20
支払損害合計	5	0	0	15	20	40
維持費	1	1	1	1	1	5
キャプティブ所得税	2.8	3.8	3.8	0.8	-0.2*	11
税効果(30%)	-6	-6	-6	-6	-6	-30
CFC合算税	1.4	1.9	1.9	0.4	-0.1	5.5
正味リスクコスト	4.2	0.7	0.7	11.2	14.7	31.5
キャプティブ収支	11.2	15.2	15.2	3.2	-0.8	44
キャプティブ増資額	0	0	0	0	0	0
キャプティブ留保資金	20+11.2 / 31.2	31.2+15.2 / 46.4	46.4+15.2 / 61.6	61.6+3.2 / 64.8	64.8-0.8 / 64	64

*注：税クレジット

【図表 8 −27】では，コーポレートファイナンスの流儀にならって，キャッ

シュ・インは上向き，キャッシュ・アウトは下向きに示している。したがって，キャプティブを真ん中に，親・子会社が上下からサンドイッチになっている。このように表現することにより，一方から見ればキャッシュ・インだが他方から見ればキャッシュ・アウトの取引，特に内部取引をビジュアル化している。また，簡略化のため，CFC合算効果は【図表8−27】には示していない。

　収支表の数値以上に，自家保険用資金として資本金と保険料が事前に投入され，保険料，保険金，維持コストなどの外部流出コストの出入りを経て，資本コスト（機会損失）をもたらすキャプティブの留保資金が積み上がる様子に特に注目してほしい。

【図表8−28】　小規模損害のキャッシュ・フローと資金循環イメージ

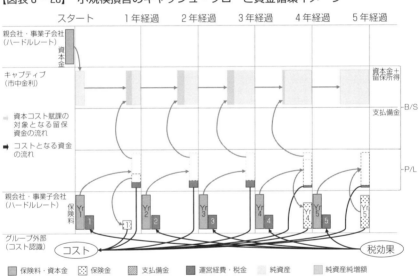

　各年度の資本金，準備金，留保所得などの残高合計に相当するキャプティブの滞留資金が資本コスト計算の対象である。

【図表8-29】 小規模損害における資本コスト（機会損失）イメージ

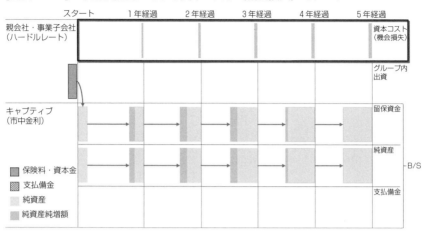

単純自家保険と同様，外部流出コストから税効果の合計額を差し引いたものが単純自家保険のコスト（5年間の将来価値）となる。これを年数で割れば，年平均コスト（将来価値）が得られる。同様に，正味現在価値（NPV）コストも容易に求めることができる。

【図表8-30】 キャプティブ自家保険における小規模損害の正味現在価値算出イメージ

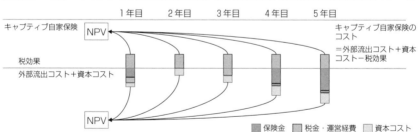

グループがキャプティブに投入した資本金や保険料，あるいはキャプティブの留保所得は，リスクコストの計算に直接反映されていないこと，すなわち，キャプティブの留保所得は投入した資金が余っただけであることが一目瞭然ではないだろうか？

3.4.2. 大規模損害の例

シナリオは単純自家保険と同じだが，X2年度の発生損害はX2年度末に最終額120と見積って支払備金80を計上し，この損害に対して資本金と保険料収入が不足するため，資本注入してキャプティブ自家保険を継続するものとする。さらにX3年度末にX2年度末の支払備金不足分40を追加計上するものとする。

これらの追加条件において，正味リスクコストとキャプティブの留保資金がどう変化するかを示したものが【図表8−31】である。正味リスクコストの金額の他に，初期資本金20と5年分の保険料100，増資合計82.4がキャプティブに流入し，損害160，経費5が外部流出し，対応する所得税が13流入した結果，キャプティブに滞留資金50.4が残ったことと，留保資金残高の変動が大きいことが読み取れる。

【図表8−31】　単純自家保険の大規模損害ラダーチャート＋キャプティブ固有の要素

	X1会計年度	X2会計年度	X3会計年度	X4会計年度	X5会計年度	合計
X1発生年度	0	0	0	0	0	0
X2発生年度		40	40	40	40	160
X3発生年度			0	0	0	0
X4発生年度				0	0	0
X5発生年度					0	0
支払損害合計	0	40	40	40	40	160
X1発生年度	0	0	0	0	0	0
X2発生年度		80	80	40	0	0
X3発生年度			0	0	0	0
X4発生年度				0	0	0
X5発生年度					0	0
支払備金残高	0	80	80	40	0	0
キャプティブ維持費	1	1	1	1	1	5

キャプティブ所得税	3.8	-20.2*	-4.2*	3.8	3.8	-13
税効果(30%)	-6	-6	-6	-6	-6	-30
CFC合算税	1.9	-10.1	-2.1	1.9	1.9	-6.5
正味リスクコスト	0+1+3.8-6+1.9	40+1-20.2-6-10.1	40+1-4.2-6-2.1	40+1+3.8-6+1.9	40+1+3.8-6+1.9	115.5
	0.7	4.7	28.7	40.7	40.7	
キャプティブ収支	20-0-0-1-3.8	20-40-80-1+20.2	20-40+80-80-1+4.2	20-40+80-40-1-3.8	20-40+40-0-1-3.8	100-160-0-5-3.8+16.8
収支	15.2	-80.8	-16.8	15.2	15.2	-52
キャプティブ増資額	0	80.8-15.2 / 65.6	16.8	0	0	82.4
キャプティブ	20+20-1-3.8	35.2+20-40-1+20.2+65.6	100+20-40-1+4.2+16.8	100+20-40-1-3.8	71+20-40-1-3.8	50.4
留保資金	35.2	100	100	75.2	50.4	

*注：税クレジット

【図表 8 -32】 大規模損害のキャッシュ・フローと資金循環イメージ

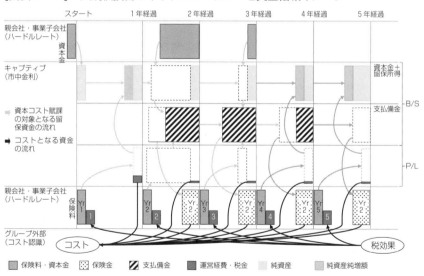

大規模損害の例では，初期資本金とその後の留保所得以外に，追加出資と支払準備金が留保資金になるため，資本コストもその分だけ膨らむ。また，準備金に対応する資金量は保険金支払とともに縮小するが，増資による資金はキャ

プティブにとどまったままになる。

【図表8−33】　大規模損害における資本コスト（機会損失）イメージ

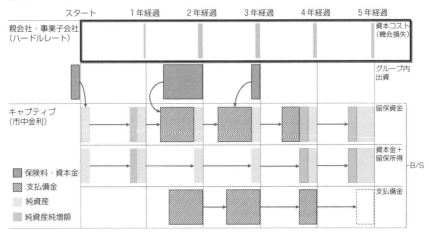

4 キャプティブに賦課される資本コストを圧縮する

　キャプティブにおける留保資金が機会損失の源泉であるならば，その機会損失を圧縮するファイナンス手段を導入すればよい。

4.1. 親会社へのグループ内貸付

　キャプティブの留保資金を短期貸付け，手形・売掛債権の買取りなどの短期ファイナンスでグループ会社へ資金を循環させれば，キャプティブを根源とする機会損失を減らすことができる。このようなアレンジは，グループ内部のキャッシュ・マネジメント・システムと特に相性がよい。キャッシュ・マネジメント・システムはグループ内の資金を自動的に相互融通する手段だからである。一方，このようなファイナンスはキャプティブの流動性に影響するため，「短期」と「循環」がソルベンシー要件上のポイントである。

　キャプティブがグループ会社へ実施するローンは資産取引なので，資本勘定に影響を与えない。したがって，キャプティブのリスク保有力は変わらない。ローン自体は内部取引なので資金の外部流出は生じない。一方，ドミサイル当局から見ればこのようなローンは借り手のことをよく知っているという意味で安全な投資となる。

　実際，2008年のリーマンショックや2020年から始まった新型コロナウイルスショックの際には，流動性資金市場が一時的に蒸発したため，欧米系キャプティブの多くが，キャプティブに積み上がった資金を親会社に還流させたり，保険料水準を弾力的にコントロールして，資金の外部流出を避ける動きが広範囲に見られた。

　グループ内貸付による資金循環をイメージ図で表したものが【図表8－34】である。

【図表8−34】　小規模損害の例において，グループ内貸付による資本コスト圧縮の
イメージ

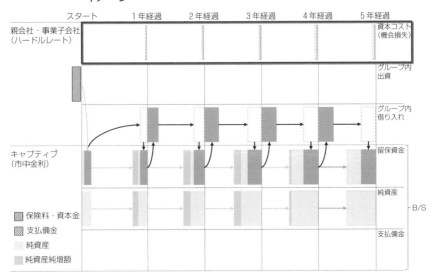

【図表8−35】　大規模損害の例において，グループ内貸付による資本コスト圧縮の
イメージ

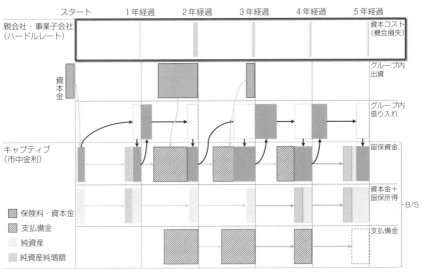

4.2. 親会社への配当支払

　配当も資金還流による機会損失削減効果を持つが，その実施にあたっては別の注意が必要である。

　グループ内貸付は資金の流れが双方向なのに対して，配当支払は資金の流れがキャプティブからグループへの一方通行であり，対外的には資本金削減と同様の効果をもたらすという点である。資本金の大きさは保険料として資金注入できる金額を左右したり，再保険ヘッジの依存度を高めたりする。配当支払による資金流出の結果，増資の可能性と金額は増えることになる。

　逆にいえば，増資や保険料引き上げを事後的・機動的に行うことができるのであれば，配当出しは，キャプティブの留保資金を一定量にコントロールして無用な機会損失を圧縮するために有効な戦略となる。

　ただし，キャプティブは収益事業を担う事業子会社ではないので，配当の有無でパフォーマンスを評価することは根本的に間違っていることを忘れてはならない。

 コラム④　コンサルティングを通じてお客様から学んだこと

　わが国においてもキャプティブ自家保険のフレームワークや考え方はある程度，浸透しているが，かつてはそうではなかった。私は20年以上キャプティブに関わる業務を担当してきたが，最初の10年はどれが正しいやり方なのか，案件ごとに答えが揺れていた。日本企業では伝統的に保険部門は総務や購買部門が担当しており，キャプティブにまつわる少々特殊なファイナンスや会計，税務をなかなか理解していただけず，私自身がキャプティブを自家保険に活用する経済的な価値を明確に提示できなかったこともあった。

　そんな折り，Marshとの付き合いが長いあるお客様から自家保険についての相談があった。そのとき，自分なりに考えていたキャプティブを使った自家保険のあり方をストレートにお伝えしたところ，まさにそれをやりたかったといわれた。

　そのお客様は保険を所管する法務部門の方だったが，ファイナンスは専門ではないからと社内の専門の人をチームに加え，以前，国際税務で高い勉強料を払った経験から国際税務に関してもリソースを割いて対応する体制を取っていただけた。自家保険というイシューに関して，以前からこうあるべきだと思っていたキャプティブ設立までの流れが目の前で展開したのである。

　お客様とのディスカッションや専門家とのミーティングに同席して論点を話し合うことによって，改めて国際税務の奥深さや，目的や目指す方向性は同じであっても保険の世界とはアプローチや考え方が全然違うことが理解できた。そして，様々な考え方や視点を持ち俯瞰的にものを見る必要性を学んだ。

　それらを踏まえた結果，時間はかかったが，今では日本で1，2を争う大きなキャプティブ自家保険スキームを立ち上げることができた。以後，このやり方は普遍的なものであり，それを文章やプレゼンテーションにまとめた上で，お客様に提示するのが自分の役割と自覚するようになった。その意味で，この案件は私の原点となるものであった。

（田嶋　英治）

第9章 フィージビリティー・スタディーで用いるシミュレーションモデル

1 フィージビリティー・スタディーで用いるシミュレーションモデルの概要

　本章では，キャプティブ自家保険におけるフィージビリティー・スタディー（以下「キャプティブ・フィージビリティー・スタディー」という）の根幹である，キャプティブ自家保険のリスクコストの算出に必要なシミュレーションモデルの概要を説明する。

　一般的に，フィージビリティー・スタディーは，様々な「事業」の実現方法とその妥当性，「事業」の資金計画や実施・導入スケジュールなどの一連の作業とそのアウトプット（＝レポート）を指す。事業化計画と訳されることも多いが，キャプティブ・フィージビリティー・スタディーの目的は，キャプティブ自家保険のリスクコスト削減効果，キャプティブの資本金額，増資額，維持コスト，グループ全体の税効果，グループ内貸付できる資金量の見積り，つまりキャプティブ自家保険の正味リスクコストとキャッシュ・フローのアセスメントである。実際，海外やドミサイルではフィージビリティー・スタディーの代わりに，その実質を表す経済性分析（economic analysis, economic review）という言葉を使うことが多い。

　この観点からいうと，キャプティブ市場の動向やドミサイル比較といった定性情報はキャプティブ・フィージビリティー・スタディーにおいては参考資料であり，キャプティブの予想財務諸表も財務シミュレーションの副産物にすぎない。

　とはいえ，キャプティブのライセンス申請には予想財務諸表を添付しなければならず，キャプティブの資本金，期中増資額，税コスト，グループ内に還流

できる資金量の見積りは財務諸表に基づかなければ計算できない。したがって，キャプティブ自家保険の正味リスクコストは，損害リスクモデルを財務諸表モデルに直接リンクさせて算出することになる。そのイメージを示したものが【図表9－1】である。

【図表9－1】　年間損害額モデルを複数年財務会計モデルに組み込む

年間損害額モデル	● 年間損害額モデルは強度と頻度の複合モデル
	● 強度モデル（1件当たりの発生損害額）
	● 頻度モデル（年間発生件数）

支払割合モデル	● 支払割合は年間損害額の支払期間を変動させるモデル
	● 年間支払備金モデル（年間損害額モデルと支払割合モデルの複合モデル）
	● IBNR準備金モデル（同上）

財務諸表モデル	● 会計年度と引受年度の複合モデル
	● 会計年度モデルは複数の引受年度モデルの集合体
	● 引受年度モデルは年間損害額モデルと支払割合モデルの集合体

　第8章の簡易シミュレーションでは大小2つのリスクシナリオを用いたが，実際のフィージビリティー・スタディーでは，初めに自家保険リスクを確率関数に置き換えたリスクカーブを導出し，次にそのリスクカーブに従う少なくとも10,000通りの損害額サンプルを抽出するモンテカルロ・シミュレーションを実施し，それらのサンプル値を統計処理して正味リスクコストの計算を行う。

　具体的には，財務諸表モデルに年間損害額モデルと支払割合モデルを組み込み，そこから得られる損害キャッシュ・フロー（確率サンプル）と，保険料キャッシュ・フロー，税キャッシュ・フロー，社内ファイナンス（出資，増資，グループ内貸付）のキャッシュ・フローをそれぞれ連動させ，資本コスト（機会損失）を加味する前のリスクコストやグループ全体の税効果（CFC課税額を含む）を算出する。並行して，各キャッシュ・フローの確率的変動結果であるキャプティブの留保資金残高から，キャプティブ自家保険の資本コスト（機会損失）を算出する。同時に，副産物としての財務諸表が1つできあがる。

　損害キャッシュ・フローは単純自家保険と共通なので，その正味リスクコス

トも同時に計算できる。最後に，自家保険の代替としての保険ヘッジの正味コストとともに，キャプティブ自家保険の正味リスクコストとの差分を算出する。

　ここまでを１回のシミュレーション（試行）として，モンテカルロ・シミュレーションでは，この試行を少なくとも10,000回繰り返す（財務諸表も10,000通りできあがる）。

　これらをシミュレーション・ダイヤグラムで表すと【図表９－２】のようになる。

【図表９－２】　キャプティブ自家保険コストのシミュレーション・ダイヤグラム

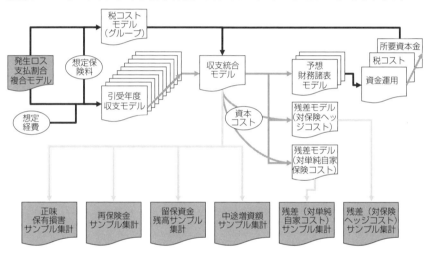

　以下，年間損害額モデル，支払割合モデル，財務諸表モデルを個別に説明する。

2 ┃ 年間損害額モデル

　年間損害額を予測する場合，一定規模の支払損害データの推移から最終損害額（Ultimate Losses）を保険数理的に予測するアプローチがある。保険数理アプローチはさらに，チェインラダー法，ボーンヒュッター・ファーガソン法，ベンクテンダー法などの決定論的アプローチと，マックモデル，ベイジアンメソッド，ランダムウォーク法，超過ポアソンなどの確率論的アプローチに分かれる。これらの手法は，保険GAAPという前提の下，商業保険会社が，その会計年度ごとに損害準備金（支払備金とIBNR準備金）を算出する際に用いる手法である。なお，チェインラダー法やボーンヒュッター・ファーガソン法はキャプティブのアクチュアリーが損害準備金残高の妥当性を評価する際に一般的に用いる手法でもある。

　一方，一般事業会社にとっての関心はむしろ，1年間にいくらの損害が何件起こりうるのか，である。そうした疑問に直接的に対応できる年間損害額の予測方法が，FrequencyのFにDamageのDをもじったFD法である。

　ある確率分布に従うクレーム件数をF（＝1, 2, …），ある確率分布に従うクレーム額をD_i（i＝1, 2, …, F）と定義し，FとD_iが互いに独立であることを条件にすれば，年間クレーム総額Sは確率変数として表現できるので，Fが従う確率関数（頻度モデル）から生み出された乱数と，D_iが従う確率関数（損害強度モデル）から生み出された乱数を使ってSの変動状態（年間損害リスクカーブ）を擬似的に表現できる。

　これらの確率関数をサイコロに例えれば，損害頻度モデルと同じ確率変動をする特殊なサイコロを1回振って出た目の数に応じて，今度は損害強度モデルと同じ確率変動をする特殊なサイコロをF回振って出た目（D_i）をすべて合計すればSのサンプルを1個表現できるということである。サンプル1個だけではその事象（数値）から何も読み取れないが，サンプルが多数あれば期待値や最大損失額（例：99パーセンタイル値）を統計的に推定することが可能となる。このような，確率関数を使った大量の疑似サンプルを統計処理して，取りうる値（本件では損害頻度や損害強度）の幅を予測する作業を総称してモンテカルロ・シミュレーションと呼ぶ。

　モンテカルロ・シミュレーションを使った確率分布計算においては，リスク

【図表9－3】 年間損害額モデルのイメージ

$$S=D_1+D_2+\cdots+D_F=\sum_{i=1}^{F} D_i,$$

（厳密には，F は確率 $P(S\leq d)=G_S(d)$

$$=\sum_{i=0}^{\infty}\left\{P\left(\sum_{i=1}^{F} D_i\leq d\right)*P(F=f)\right\}を満たす確率変数）$$

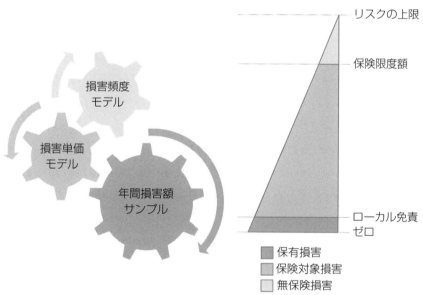

上限を想定しない確率分布だけでなく，免責金額や保険金額を上限とした確率分布も同時に算出することができるので，【図表9－4】のような，自家保険，保険ヘッジ，無保険に該当する損害額のパーセンタイル分布や年間損害額のリスクカーブ（確率累積分布）を描くことができるようになる。

　予想損害額とボラティリティがわかれば，理論保険料も計算できるようになる。

　損害頻度を確率関数で表現する場合，その妥当性を理論的に説明しやすいポアソン分布や負の二項分布を汎用的に使うことが多い。一方，損害額強度モデルを表現する汎用的な確率関数はないので，損害額データの分布形状から対数正規分布，指数分布，ワイブル分布，あるいは確率関数を確定論的に決定しないノンパラメトリック手法を適宜選択する。

【図表9－4】　シミュレーション・サンプルのアウトプット例

Option Layer	SIR 1 ALL Retained	Excess 1 ALL Transferred	Uninsured 1 ALL Uninsured
Percentile			
5.0%	0	0	0
10.0%	0	0	0
15.0%	0	0	0
20.0%	14,977,195	0	0
30.0%	66,884,797	0	0
35.0%	103,746,401	0	0
40.0%	166,927,828	0	0
45.0%	388,482,367	0	0
50.0%	1,074,416,920	0	0
55.0%	1,332,927,412	0	0
60.0%	1,779,920,822	0	0
65.0%	2,037,117,839	0	0
70.0%	3,190,559,820	0	0
75.0%	4,944,912,317	576,149,552	0
80.0%	7,152,152,926	2,207,102,842	0
85.0%	10,752,084,106	4,732,02,929	0
90.0%	16,035,481,563	7,395,000,000	60,331,335
95.0%	21,617,632,638	12,045,468,899	4,036,759,219
97.5%	23,349,544,778	22,689,375,818	10,756,326,464
99.0%	27,199,535,955	31,082,779,726	22,376,422,378
99.5%	31,985,888,998	34,172,045,280	32,020,131,454
99.8%	38,237,374,374	37,424,516,222	97,513,756,135
99.9%	41,608,759,166	41,567,045,280	138,574,150,572
Expected Retained	4,228,830,714		1,082,723,909
Std. Dev. Retained	7,038,476,497		8,723,469,775
Max Retained	55,181,370,782		283,300,094,271
Expected Recovered		2,260,192,717	
Std. Dev. Recovered		5,871,874,721	
Max Recovered		73,236,962,274	

　損害頻度モデルや損害額強度モデルを選択する方法，換言すれば，各確率関数の種類やパラメータを決定する方法はいろいろあるが，共通しているのは実データに適合するような確率関数カーブを数学的な手法を使って導き出す（フィッティング）ことである。実データ量が豊富であるほど「保険数理的に正しい」確率関数とそのパラメータを確定しやすい。この点では，残念ながら，日系事業会社の多くは，不十分なリスク情報やクレームデータしか有していない。

　例えば，財物損害リスクの確率モデルを選択する際，リスクサーベイレポー

トの有無が選択の妥当性を確保するのに大いに役立つ。ところが，日系企業の多くは，保険会社の無償サーベイの経験はあっても，有償サーベイの経験に乏しい。前者は基本的に保険会社の社内向けデータ収集活動であって，再保険市場を含む海外保険市場が好む内容になっていない（簡易サーベイ，あるいは，再保険市場が必要とする情報に乏しい，など）ことが多いため，確率モデルの選択にはあまり役立たないことが多い。

自社の最大リスク額（PMLやFML）とその要因や発生シナリオを知るのは，自家保険を本格的に検討する以前の，リスクマネジメントの基本所作である。また，製造物賠償責任など，支払期間が長期にわたるようなクレームデータについて，件数や会計年度ごとの支払損害額だけでなく，支払備金残高も個別に把握しておくことも基本中の基本である。

Marshでは，クライアント固有のデータ量不足を外部有償データベースの該当データで補完した後，グループ会社であるGuy Carpenter社が開発した年間損害額予測システム（MetaRisk）を使って，確率関数の種類やパラメータを決定している。また，確率関数モデリングの妥当性を担保するため，アクチュアリー有資格者がこれらの作業を行っている。また，地震リスクや風水災リスクなどの自然災害リスクに関しては，外部専門モデリング会社が地震工学や風水災工学に基づいて開発したリスクモデルの出力値を活用している。

損害予測において，確率モデルに付随するモデルリスクは，外部コストとしての想定保険料を「正しい価格（保険会社の提示価格）」と比較して自家保険をする・しないという意思決定をする場合のエラー（誤り）として現れる。想定保険料よりも保険会社の提示価格が著しく下回る場合，それは自分たちのモデルが悲観的すぎるか保険会社のそれが楽観的すぎるということであり，どちらの場合であっても相手のプライスを受け入れるのが効用的に最適である。反対に，想定保険料よりも保険会社の提示価格が著しく上回る場合，自家保険という意思決定の納得感が高まるという効用を得られることになる。

同様に，モデルリスクは自家保険手法間の想定コストの大小でキャプティブ自家保険をする・しないという意思決定をする場合にもエラーとして現れる。自家保険手法間のコスト差は損害モデルそのものよりも，それが生み出す想定キャッシュ・フローがグループの税効果・税コストの現在価値あるいは資本コストの現在価値の違いに影響を与える。ただし，税効果や税コストあるいは資本コストの差は損害モデルに従属しているのではなく，むしろ，その企業の戦

略全体に従属している。また，キャプティブを活用しなければ自家保険を行えない場合が多く，損害モデルの正確性で判断できるわけではない。

　「正しい損害モデルに基づく価格＝正しい価格」を事前に確定させることは保険の原理から不可能である。そのような不確定なもので意思決定ができるのかと疑問に思われるかもしれないが，そもそも我々は一定の仮定を置かなければ意思決定できない世界に住んでいる。したがって，「不確実性」を前提として活動を行っている企業にとって，「自家保険の対象はリスクではなく変動コストであり，自家保険で負担する損害がどの程度までなら変動コストとして許容可能か」という判断のほうが重要であって，モデル・リスクはその判断に本質的な影響を与えないと考えたほうがよい。

3 支払割合モデル（単年発生損害複数年支払モデル）

　年間損害額Ｓのクレーム支払が複数年に跨ることを想定する場合には，単価D_iの第 t 会計年度末の累積支払割合を$R_{i \cdot t}$とすると，単価D_iは右辺第 1 項が第 t 年度末におけるD_iの累積支払額，第 2 項が支払備金残高を表す式に変換できる。

$$D_i = R_{i \cdot t} \times D_i + (1 - R_{i \cdot t}) \times D_i$$

　単価D_iの変換式を年間損害額Ｓに当てはめると，さらに下式のように表すことができる。

（Ｆは頻度を表す確率変数）

$$S = \sum_{i=1}^{F} R_{i \cdot t} \times D_i + \sum_{i=1}^{F} (1 - R_{i \cdot t}) \times D_i$$

　さらに，単価D_iの累積支払割合の加重平均を

$$W_t = \sum_{i=1}^{F} \frac{R_{i \cdot t} \times D_i}{S}$$

とおけば，$S = W_t \times S + (1 - W_t) \times S$に変換できる。

　この式の右辺第 1 項が第 t 年度末におけるＳの累積支払額，同第 2 項が支払備金残高となる。

　累積支払割合$R_{i \cdot t}$は，ある確率分布に従う確率変数としてもいいし，計算を単純化するために所与の時系列値としてもよい。

3.1. 決定論的アプローチで支払割合を推定する例

　最も一般的なチェインラダーを使った支払割合の点推定の例を示す。

　チェインラダー法は，事故発生年度別・保険金支払年度別に経験統計を集計し，その中に現れた保険金出現率の規則性に着目し，将来もこの規則性に変化がないものとして将来の保険金を予測する方法とされる。つまり，チェインラダー法を使えばこの保険金出現率を推定できるのである。

　チェインラダー法による将来の保険金を予測する方法は次のとおりである。

確率変数$D_{i,k}$を事故年度 i，経過年数 k の累計発生保険金（累計保険金＋未払保険金）とし，保険金は事故から N 年で支払が完了するとする（事前仮定をしない∞年でも成り立つ）。このとき 1 年目から k 年目の保険金データが与えられたとき，次年度の保険金$D_{i,k+1}$の期待値は

$$E(D_{i,k}|D_{i,k},\cdots,D_{i,k})=f_k D_{i,k}$$

となる。

f_kは経過年数 k のロス・ディベロップメント・ファクター（Loss Development Factor; LDF）と呼ばれ，各契約の初年度の支払損害額が最終的に何倍となるかを表す指標（＝保険金出現率の基となる数値）であり，次のように点推定される。

$$\hat{f}_k=\frac{\sum_{j=1}^{N-k} D_{j,k+1}}{\sum_{j=1}^{N-k} D_{j,k}} \qquad （ただし，1\leq k\leq N）$$

上記LDFを利用して，事故年度 i の最終発生保険金$D_{i,N}$は，次のように点推定される。

$$D_{i,N}=\hat{D}_{i,N+1-i}\hat{f}_{N+1-i}\cdots\hat{f}_{N+1-i}=\hat{D}_{i,N+1-i}\prod_{k=N+1-i}^{N-1}\hat{f}_k$$
（ただし，$\hat{f}_k$は真のLDFの不偏推定量）

チェインラダー法の利点は，確率変数の確率分布を特定せずに将来保険金を点推定できることと，推定量が不遍性を持つこと，である。欠点は，最終保険金の推定がLDFに依存することと，事故発生からの経過期間が短い場合には一般的に予測精度が悪くなること，とされる。しかしながら，ボーンヒュッター・ファーガソン法やマック法はチェインラダー法の欠点を補う修正バージョンなので，チェインラダー法は基本的あるいは汎用的な手法といえる。

実際にLDFならびに予想支払割合を算出すると，以下のようになる。

【図表 9 － 5 】は上から順に，支払保険金額，年度末の支払備金（翌年度以降に支払うと見越した金額），発生保険金額（その時点での最終金額）を 6 保険年（U/W Year）の成績を 6 会計年の時系列で表したラダーチャートである。比較的高額（1,200万ドル～9,000万ドル）の保険金が 6 会計年経過しても支払完了とはならず，資金の多くは支払備金（Losses Reserve）として保険会社あるいはキャプティブにとどめ置かれ，それが累積していく状態が長期間続くこ

とを示している。このような時系列傾向は主として製造物賠償責任クレームや延長保証クレーム，あるいは米国労災クレームによくみられる。

【図表9－5】 支払保険金額と支払備金のラダーチャート

U/W Year	Losses	1	2	3	4	5	6
20x1/20x2	Paid	$0	$8,062,709	$9,655,382	$10,888,172	$11,882,563	$11,980,826
20x2/20x3	Paid	120,281	17,585,288	26,136,535	26,167,133	26,106,318	
20x3/20x4	Paid	299,557	12,069,441	26,390,837	35,060,229		
20x4/20x5	Paid	30,273	7,442,771	20,648,816			
20x5/20x6	Paid	4,666	13,584,629				
20x6/20x7	Paid	63,189					

U/W Year	Losses	1	2	3	4	5	6
20x1/20x2	O/S	$11,913,601	$5,540,859	$2,318,210	$620,033	$257,984	$85,843
20x2/20x3	O/S	12,245,828	8,057,016	258,752	167,603	245,013	
20x3/20x4	O/S	14,542,539	25,178,131	17,388,781	6,889,763		
20x4/20x5	O/S	4,533,527	17,862,023	2,848,593			
20x5/20x6	O/S	5,695,334	9,071,879				
20x6/20x7	O/S	34,014,230					

これをLDFに変換すると【図表9－6】のようになる。Yearly LDFは各保険年度のLDFを加重平均したものであり，Cumulativeは前会計年度のCumulativeに当会計年度のYearly LDFをかけたものである。

【図表9－6】 支払保険金額と支払備金のLDF

U/W Year	LDF	1⇒2	2⇒3	3⇒4	4⇒5	5⇒6	Ultimate ▼
20x1/20x2	Paid	1.0000	1.1975	1.1277	1.0913	1.0083	1.4860
20x2/20x3	Paid	146.2017	1.4863	1.0012	0.9977	1.0083	218.8393
20x3/20x4	Paid	40.2909	2.1866	1.3285	1.0252	1.0083	120.9812
20x4/20x5	Paid	245.8551	2.7743	1.1597	1.0252	1.0083	817.6761
20x5/20x6	Paid	2,911.4078	1.8342	1.1597	1.0252	1.0083	6,401.5422
20x6/20x7	Paid	129.1728	1.8342	1.1597	1.0252	1.0083	284.0224
Yearly LDF		129.1728	1.8342	1.1597	1.0252	1.0083	284.0224
Cumulative		129.1728	236.9250	274.7703	281.6929	284.0224	
Payout Ratio (Cumulative)		45.48%	83.42%	96.74%	99.18%	100.00%	
Payout Ratio (Each Year)		45.48%	37.94%	13.32%	2.44%	0.82%	

U/W Year	LDF	1⇒2	2⇒3	3⇒4	4⇒5	5⇒6	Ultimate ▼
20x1/20x2	O/S	0.4651	0.4184	0.2675	0.4161	0.3327	0.0072
20x2/20x3	O/S	0.6579	0.0321	0.6477	1.4619	0.3327	0.0067
20x3/20x4	O/S	1.7313	0.6906	0.3962	0.6386	0.3327	0.1007
20x4/20x5	O/S	3.9400	0.1595	0.3845	0.6386	0.3327	0.0513
20x5/20x6	O/S	1.5929	0.4028	0.3845	0.6386	0.3327	0.0524
20x6/20x7	O/S	1.3429	0.4028	0.3845	0.6386	0.3327	0.0442
Yearly LDF		1.3429	0.4028	0.3845	0.6386	0.3327	0.0442
Cumulative		1.3429	0.5409	0.2080	0.1328	0.0442	

支払備金の最終LDFはゼロではないが，便宜的に6年で支払完了と見なせば，Ultimate LDF 284.0224＝100％に対する第1会計年度のLDF 129.1728は45.48％，第2会計年度は83.42％，その差分は37.94％，以下同様にして最終年度の支払割合0.82％が得られる。

なお，複数引受年のデータを対象に算出しているが，ここで示した支払割合

はあくまでも単年保険年の時系列の推定値（平均値）である。

3.2.　確率モデルで支払割合を記述する例

　現実には，6年よりも早く支払終了する場合（特に，損害額が相対的に小さいほどその傾向が強い）もあれば，6年で支払終了しない場合もある。このような支払割合のバラつきは，自家保険のキャッシュ・フローと資本コスト（機会損失）の変動となり，キャプティブ自家保険の正味リスクコストの現在価値に影響を与える。

　例えば，チェインラダー法で算出した支払割合を基準値としつつ，年間損害額SがL以下であれば支払割合が上記の倍（支払速度が倍）となり，支払割合そのものも一定の範囲でバラつきが出て，支払完了期間が10年を上限として確率変動するような修正を施した場合のt年目の支払割合モデル$H_t(S)$の例を示す。

$H_0(S)=0$

$$H_t(S)=\max\left[\min\left\{if(S\leq L,W_t\times 2,W_t)+J_t(k),1-\sum_{t=1}^{t-1}H_t(S)\right\},0\right](t=1,2,\cdots,9)$$

$$H_{10}(S)=1-\sum_{t=1}^{9}H_t(S)$$

　ただし，
　R_tはt年目の基準支払割合，$J_t(k)$はt年目における信頼区間90％で$\pm k$％となるような正規分布変数

　このような支払割合モデルを使ってモンテカルロ・シミュレーションをした結果，【図表9－7】のような支払割合のサンプルパスが得られたとしよう。この場合，支払割合は色塗りの範囲で変動し，ある保険年度の年間損害額SがL以下の金額ならば最短で3会計年目の期末までに支払完了し，SがLを超える金額ならば最短で5会計年目の期末までに支払完了することが示されている。

【図表 9 - 7 】 Liability Lossの支払割合サンプルパス

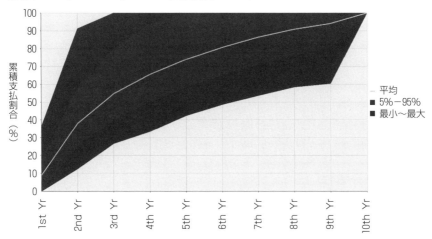

4 財務諸表モデル

　キャプティブ自家保険のフィージビリティー・スタディー（キャプティブ・フィージビリティー・スタディー）においては，第2項と第3項で説明した年間損害額モデル（損害頻度と強度の複合モデル）と支払割合モデルを，キャプティブの財務諸表の勘定科目（支払保険金，支払備金，IBNR準備金）と直接連動させて，損害額が引き起こすキャッシュのアウトフローだけでなく，財務諸表ベースでしか計算できないキャプティブの稀コスト　あるいは増資額やローンバック可能額といった滞留資金量の増減をモンテカルロ・シミュレーションで再現する。つまり，財務諸表自体がモデル化されて，全体としてのシ

【図表9-8】　確率モデルが組み込まれた財務諸表のイメージ

＜モデルがはじき出す損害サンプルを反映したバランスシート＞

Balance Sheet	A/C Yr 1	A/C Yr 2	A/C Yr 3	A/C Yr 4	A/C Yr 5
Cash Equivalent	🎲	🎲	🎲	🎲	🎲
Prepaid Expenses	XX,XXX	XX,XXX	XX,XXX	XX,XXX	XX,XXX
Asset Total	XX,XXX,XXX	XX,XXX,XXX	XX,XXX,XXX	XX,XXX,XXX	XX,XXX,XXX
Unearned Premiums Reserve	X,XXX,XXX	X,XXX,XXX	X,XXX,XXX	X,XXX,XXX	X,XXX,XXX
Outstanding Losses Reserve	🎲	🎲	🎲	🎲	🎲
IBNR Losses Reserve	🎲	🎲	🎲	🎲	🎲
Accrued Expenses	XX,XXX	XX,XXX	XX,XXX	XX,XXX	XX,XXX
Liability Total	X,XXX,XXX	X,XXX,XXX	X,XXX,XXX	X,XXX,XXX	XX,XXX,XXX
Paid-up Capital	X,XXX,XXX	X,XXX,XXX	X,XXX,XXX	X,XXX,XXX	X,XXX,XXX
Retained Earnings	🎲	🎲	🎲	🎲	🎲
Capital & Surplus	X,XXX,XXX	XX,XXX,XXX	XX,XXX,XXX	X,XXX,XXX	X,XXX,XXX

＜モデルがはじき出す損害サンプルを反映した損益計算書＞

Profit & Losses	A/C Yr 1	A/C Yr 2	A/C Yr 3	A/C Yr 4	A/C Yr 5
Net Written Premium	X,XXX,XXX	X,XXX,XXX	X,XXX,XXX	X,XXX,XXX	XX,XXX,XXX
trf to Unearned Premiums Reserve	(X,XXX,XXX)	(XXX,XXX)	(XXX,XXX)	(X,XXX,XXX)	(X,XXX,XXX)
Net Earned Premium (A)	X,XXX,XXX	X,XXX,XXX	X,XXX,XXX	X,XXX,XXX	XX,XXX,XXX
Paid Losses	🎲	🎲	🎲	🎲	🎲
trf to Outstanding Losses Reserve	🎲	🎲	🎲	🎲	🎲
trf to IBNR Losses Reserve	🎲	🎲	🎲	🎲	🎲
Incurred Losses (B)	🎲	🎲	🎲	🎲	🎲
Ceding Commission	XXX,XXX	XXX,XXX	XXX,XXX	XXX,XXX	XXX,XXX
trf to Prepaid Commission	(XX,XXX)	(XX,XXX)	(XX,XXX)	(XX,XXX)	(XX,XXX)
Net Ceding Commission (C)	XX,XXX	XXX,XXX	XXX,XXX	XXX,XXX	XXX,XXX
Net Underwriting Income (D=A-B-C)	🎲	🎲	🎲	🎲	🎲
Investment Income (E)	XX,XXX	XX,XXX	XX,XXX	XXX,XXX	XXX,XXX
General Operating Expenses (F)	XXX,XXX	XXX,XXX	XXX,XXX	XXX,XXX	XXX,XXX
Operating Income (G=D+E-F)	🎲	🎲	🎲	🎲	🎲
Income Tax (H)	XXX,XXX	XXX,XXX	XXX,XXX	X	X
Net Income (I=G-H)	🎲	🎲	🎲	🎲	🎲

ミュレーションモデルの一部を構成することになる。

　一般的に，確率的に偏りのある多数のサンプル（確率変数）を財務諸表や収支分析表などの勘定項目と直接リンクさせて，確率的なシナリオを数多く反映した時系列サンプルの取りうる幅と分布を評価する手法をDynamic Financial Analysis（DFA）と呼ぶ。

　読者の中には，表計算ソフトで財務3表を再現し，バランスシート，損益計算書，キャッシュ・フロー計算書をそれぞれ連動させて，例えば，売上や費用を変数（固定値や%増減値）としたいわゆる三点シナリオ法（ベスト，ノーマル，ワースト）による財務評価をしたことがある方もいるだろう。DFAはこれらの変数を確率変数（確率的シナリオの要素）に置き換えた手法である。DFAは，確率的なシナリオを反映した時系列サンプルの取り得る幅と分布を直接評価でき，三点シナリオ法では捉えきれない傾向を発見できるという点で，三点シナリオ法よりも優れている。

　DFAにおいては，リスク・フリー・レート，資本コスト率，安全資産へ投資する金利収入，インフレーションなど，確率的に変動しそうなものはすべて数式モデル化してシミュレーションすることも原理的には可能であり，商業保険会社，特に金利リスクが死亡リスク以上に本質的なリスクである生命保険会社が子会社を設立する際には実際にそこまでモデル化することになる。しかしながら，事業会社のフィージビリティー・スタディーにおいては，確率変数を増やすほど，何がそのような結果をもたらすことになるのかが見えなくなるため，損害サンプルは確率変数，それ以外は固定値や固定比率変数とするのが一般的である。

4.1.　複数年発生損害複数年支払モデル

　Marshでは，年間損害額モデルと支払割合モデルを財務諸表に組み込む場合，【図表9－9】のように，単年ロスカーブ10個からサンプルを1つずつ取得する試行を「10年シナリオ」と定義して，10年シナリオの時系列シミュレーションを10,000回繰り返す（10×10,000＝10万回の単年シミュレーション）のが一般的である。引受期間10年間を観察期間（時系列シミュレーション上の単位）とするのは，資本コスト配賦のタイムスパンはできるだけ長いほうがいいが，特定のプロジェクトを継続するかどうか決断するサイクルは長くて10年というビジネス慣習に由来する。換言すれば，キャプティブ自家保険を10年間行った

後に清算する場合の正味リスクコストを再現している。

【図表 9 − 9 】「10年シナリオ」のシミュレーション・イメージ

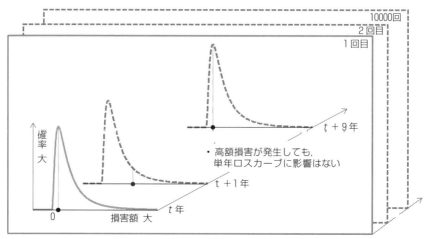

　一方，年間損害額モデルと支払割合モデルが財務諸表に組み込まれると，会計上の損害額モデルは複数年発生損害複数年支払モデルに代わる。前項の年間損害額モデルや支払割合モデルは単年引受年（保険成績）に生じる年間損害の支払が複数年で完了する様子を数理的に再現するものである。キャプティブの財務諸表モデルでは，これを複数引受年分に拡張・複合して，会計年度ごとの時系列分析に適用することになる。つまり，単年の年間損害額，支払割合をそれぞれS_k，$W_{t \cdot k}$と定義すれば，

$$S_k = D_{1 \cdot k} + D_{2 \cdot k} + \cdots + D_{F \cdot k} \quad （第 k 引受年度）$$
$$S_k = W_{t \cdot k} \times S_k + (1 - W_{t \cdot k}) \times S_k \quad （第 k 引受年度，第 t 会計年度）$$

となる。S_kや$W_{t \cdot k}$をラダーチャートに落とし込めば，財務諸表モデルのうち，会計年度ごとの損害額モデルは容易に完成する。

　例えば，**【図表 9 − 10】**のように 5 引受年度分のクレーム損害モデル（S_k）がそれぞれ独立して算出する個別サンプル 5 個を 1 つの損害パターンとみなして，それらの影響を会計年度という時系列に並べて評価する。$W_{t \cdot k}$はS_k同様に確率変数とすることもできるし，所与の支払割合（前述の計算例など）とすることもできる。

【図表9－10】 数式で一般化したラダーチャート

	第1会計年度	第2会計年度	第3会計年度	第4会計年度	第5会計年度
第1引受年度	$W_{1\cdot1}\times S_1 + (1-W_{1\cdot1})\times S_1$	$(W_{2\cdot1}-W_{1\cdot1})\times S_1 + (1-W_{2\cdot1})\times S_1$	$(W_{3\cdot1}-W_{2\cdot1})\times S_1 + (1-W_{3\cdot1})\times S_1$	$(W_{4\cdot1}-W_{3\cdot1})\times S_1 + (1-W_{4\cdot1})\times S_1$	$(W_{5\cdot1}-W_{4\cdot1})\times S_1 + (1-W_{5\cdot1})\times S_1$
第2引受年度		$W_{1\cdot2}\times S_2 + (1-W_{1\cdot2})\times S_2$	$(W_{2\cdot2}-W_{1\cdot2})\times S_2 + (1-W_{2\cdot2})\times S_2$	$(W_{3\cdot2}-W_{2\cdot2})\times S_2 + (1-W_{3\cdot2})\times S_2$	$(W_{4\cdot2}-W_{3\cdot2})\times S_2 + (1-W_{4\cdot2})\times S_2$
第3引受年度			$W_{1\cdot3}\times S_3 + (1-W_{1\cdot3})\times S_2$	$(W_{2\cdot3}-W_{1\cdot3})\times S_3 + (1-W_{2\cdot3})\times S_3$	$(W_{3\cdot3}-W_{2\cdot3})\times S_3 + (1-W_{3\cdot3})\times S_3$
第4引受年度				$W_{1\cdot4}\times S_4 + (1-W_{1\cdot4})\times S_4$	$(W_{2\cdot4}-W_{1\cdot4})\times S_4 + (1-W_{2\cdot4})\times S_4$
第5引受年度					$W_{1\cdot5}\times S_5 + (1-W_{1\cdot5})\times S_5$
支払額合計	$W_{1\cdot1}\times S_1$	$(W_{2\cdot1}-W_{1\cdot1})\times S_1 + W_{1\cdot2}\times S_2$	$(W_{3\cdot1}-W_{2\cdot1})\times S_1 + (W_{2\cdot2}-W_{1\cdot2})\times S_2 + W_{1\cdot3}\times S_3$	$(W_{4\cdot1}-W_{3\cdot1})\times S_1 + (W_{3\cdot2}-W_{2\cdot2})\times S_2 + (W_{2\cdot3}-W_{1\cdot3})\times S_3 + W_{1\cdot4}\times S_4$	$(W_{5\cdot1}-W_{4\cdot1})\times S_1 + (W_{4\cdot2}-W_{3\cdot2})\times S_2 + (W_{3\cdot3}-W_{2\cdot3})\times S_3 + (W_{2\cdot4}-W_{1\cdot4})\times S_4 + W_{1\cdot5}\times S_5$
未払備金残高	$(1-W_{1\cdot1})\times S_1$	$(1-W_{2\cdot1})\times S_1 + (1-W_{1\cdot2})\times S_2$	$(1-W_{3\cdot1})\times S_1 + (1-W_{2\cdot2})\times S_2 + (1-W_{1\cdot3})\times S_2$	$(1-W_{4\cdot1})\times S_1 + (1-W_{3\cdot2})\times S_2 + (1-W_{2\cdot3})\times S_3 + (1-W_{1\cdot4})\times S_4$	$(1-W_{5\cdot1})\times S_1 + (1-W_{4\cdot2})\times S_2 + (1-W_{3\cdot3})\times S_3 + (1-W_{2\cdot4})\times S_4 + (1-W_{1\cdot5})\times S_5$

　数式だと複雑に見えるが，数値で例えれば単純である。S_kのモデル出力値，$W_{t\cdot k}$のモデル出力値がそれぞれ次のパターンだとしよう。

【図表9－11】　モデル出力値の想定パターン

	引受年度1	引受年度2	引受年度3	引受年度4	引受年度5	合計
年間損害額	$1,000,000	$200,000	$400,000	$50,000	$700,000	$2,350,000

支払割合	会計年度1	会計年度2	会計年度3	会計年度4	会計年度5	合計
引受年度1	100%	0%	0%	0%	0%	100%
引受年度2		48%	42%	10%	0%	100%
引受年度3			30%	68%	0%	98%
引受年度4				79%	21%	100%
引受年度5					89%	89%

準備金割合	会計年度1	会計年度2	会計年度3	会計年度4	会計年度5
引受年度1	0%	0%	0%	0%	0%
引受年度2		52%	10%	0%	0%
引受年度3			70%	2%	2%
引受年度4				21%	0%
引受年度5					11%

　引受年度ごとの年間損害額がそれぞれの支払割合で分割して，会計年度ごとに集計したものが，財務諸表上の支払損害額（P/L）や支払準備金残高（B/S）の勘定値となる。

【図表 9 −12】 モデル出力値の想定パターンに基づく支払損害額と準備金残高

支払損害額	会計年度1	会計年度2	会計年度3	会計年度4	会計年度5	合計
引受年度1	$1,000,000	$0	$0	$0	$0	$1,000,000
引受年度2		96,000	84,000	20,000	0	200,000
引受年度3			120,000	272,000	0	392,000
引受年度4				39,500	10,500	50,000
引受年度5					623,000	623,000
会計年度計	$1,000,000	$96,000	$204,000	$331,500	$633,500	$2,265,000

準備金残高	会計年度1	会計年度2	会計年度3	会計年度4	会計年度5
引受年度1	$0	$0	$0	$0	$0
引受年度2		104,000	20,000	0	0
引受年度3			280,000	8,000	8,000
引受年度4				10,500	0
引受年度5					77,000
会計年度計	$0	$104,000	$300,000	$18,500	$85,000

　上記の例は支払割合モデルからのサンプル値という想定だが，クレームデータの内容によってはLDFをベースにした確率モデルを使うことができないことも多い。その場合，Marshでは，決定論的に全クレームが年央発生，支払完了1年，全体では初年度50％，次年度50％の支払割合を仮定した上で，さらにクレーム件数の半分は支払完了2年を仮定すると，$W_{t,k}$は概ね初年度25％，以後50％，25％となる。これをベース支払割合として疑似的なエラー誤差を組み

込んだ支払割合モデルを採用することも多い。

4.2. 正味リスクコストと会計勘定

　初期資本金や維持費，税コスト，ソルベンシー要件など，その他の条件を加味してDFAを実行すれば，フィージビリティー・スタディーの目的である，正味リスクコスト比較を行うことができる。その他のシミュレーション条件は第10章で改めて説明する。

　キャプティブのキャッシュ・フロー勘定と，管理会計ベースで表現したグループのキャッシュ・フロー，税効果，資本コストを集計する最終フレームワークは【図表9－13】のとおりとなる。

【図表9－13】　単純自家保険，キャプティブ自家保険，保険ヘッジのコスト集計方法

キャプティブ自家保険コスト
コーポレートの正味キャッシュ・アウト（負値＝キャッシュ・イン）
キャプティブの正味キャッシュ・アウト（負値＝キャッシュ・イン）
コーポレートの税効果（正値＝税コスト）
資本コスト（機会損失）
合計

コーポレート：自家保険コスト
支払損害額（＋；キャッシュ・アウト）
損害額に対する税効果（－）
合計

コーポレート：保険ヘッジコスト
支払保険料（＋）
保険料税（＋）
受取代理店手数料（－）
支払保険料に対する税効果（－）
保険料税に対する税効果（－）
受取代理店手数料に対する税効果（＋）
合計

　また，キャプティブ自家保険コストの要素の詳細は【図表9－14】のとおりとなる。

【図表 9 −14】　キャプティブ自家保険コストの要素

コーポレート：キャッシュ・フロー （負値＝キャッシュ・アウト）
支払保険料（−）
保険料税（−）
キャプティブからのグループ内貸付（＋）
キャプティブへのグループ内貸付金利（−）
キャプティブへの初期資本金（−）
キャプティブへの追加資本金（−）
キャプティブからの受取配当金（−）
キャプティブからの清算配当（＋）
キャプティブ清算後の損害自己負担（−）
小計

コーポレート：税効果（正値＝税コスト）
支払保険料（−）
保険料税（−）
免責自己負担額（−）（該当する場合）
キャプティブ清算後の損害自己負担（−）
キャプティブへのグループ内貸付金利（−）
キャプティブからの受取配当（＋）
CFC課税額（＋）
キャプティブ清算時の実現損（−）
小計

キャプティブ：キャッシュ・フロー （負値＝キャッシュ・アウト）
収入保険料（＋）
支払保険金（−）
再保険手数料（−）
運営コスト（−）
グループ内貸付（−）
グループ内貸付金利（−）
その他投資収益（＋）
所得税（−）
その他税金（保険料税等）（−）
初期資本金（＋）
追加資本金（＋）
支払配当金（−）
清算配当（−）
小計

キャプティブ：資本コスト（正値＝コスト）
キャプティブに滞留するキャッシュに対する資本コスト（＋）
グループ貸付による資本コスト回避額（−）
その他投資による資本コスト回避額（−）
小計

　さらに，キャプティブを設立した場合の連結経理処理は一般的に【図表 9 −15】のようになる。

【図表9－15】　キャプティブの連結経理処理（例）

- 太字表記科目は，投資収益を除き，内部取引を表している（投資収益には内部取引である支払利息と，外部取引が含まれる）
- 保険料，保険金の「相殺」は内部取引であるキャプティブ引受のみを考慮している（合算・相殺の判定は参考情報にすぎない）

Balance Sheet	バランスシート	親会社会計勘定との対応	
Cash Equivalent	現金等価物	現金等価物	合算
Group Loan Asset	グループ会社貸付金	**グループ会社借入金（その他短期流動負債）**	相殺
Prepaid Expenses	前払い費用	前払い費用（その他短期流動資産）	合算
Deferred Tax Asset	繰延税金資産	繰延税金資産（その他短期流動資産）	合算
Asset Total	資産 計		
Outstanding Losses Reserve	支払備金	**損害補償引当金（その他短期流動負債）**	合算
IBNR Losses Reserve	既発生未報告損害準備金	**損害補償引当金（その他短期流動負債）**	合算
Accrued Expenses	未払い費用	未払い費用（その他短期流動負債）	合算
Liability Total	負債 計		
Paid-up Capital	払込資本金	**子会社投資資産（投資その他の資産—資本参加目的）**	現金等価物と相殺
Additional Paid-up Capital	追加資本金	**子会社投資資産（投資その他の資産—資本参加目的）**	現金等価物と相殺
Retained Earnings	利益剰余金	利益剰余金	追加
Capital & Surplus	純資産 計		
Liability, Capital & Surplus Total	負債・純資産 計		

Profit & Losses	損益計算書	親会社会計勘定との対応	
Net Earned Premium	正味収入保険料	**支払保険料**	相殺
Paid Losses	支払保険金	**受取保険金**	相殺
trf to Outstanding Losses Reserve	支払備金繰入	**損害補償引当金（その他短期流動負債）繰入**	合算
trf to IBNR Losses Reserve	既発生未報告損害準備金繰入	**損害補償引当金（その他短期流動負債）繰入**	合算
Incurred Losses	発生保険金		
Net Ceding Commission	正味再保険手数料	営業外費用	合算
Net Underwriting Income (Losses)	正味引受利益（損失）		
Investment Income	投資収益	**投資収益**	合算（支払利息は相殺）
General Operating Expenses	事業費用	営業外費用	合算
Operating Income	税引き前当期利益		
Income Tax	所得税	外国所得税	合算
trf to Deferred Tax Asset	繰延税金資産繰入	繰延税金資産繰入	合算
Net Income	当期利益		

4.3. DFAのサンプル

DFAの結果のサンプルを示す。

【図表9−16】 正味リスクコスト比較（現在価値評価）のサンプル（DFAの成果物）

	年間損害額 (10年平均；現在価値)	単純自家保険の トータルコスト (10年平均；現在価値)	キャプティブ自家保険の トータルコスト (10年平均；現在価値)	キャプティブ自家保険と 単純自家保険のコスト差 (10年平均；現在価値)	キャプティブ自家保険と 保険ヘッジとのコスト差 (10年平均；現在価値)
最小	1,192,504	866,356	2,403,482	667,052	1,172,876
最大	8,946,603	6,432,680	7,306,580	1,537,126	3,730,222
平均	3,197,033	2,299,961	3,441,097	1,141,136	135,261
標準偏差	1,041,834	743,465	628,360	133,390	628,360
25 Perc%	2,403,701	1,734,345	2,978,005	1,040,644	598,353
50 Perc%	2,992,096	2,151,612	3,272,047	1,129,574	304,311
75 Perc%	3,790,963	2,724,849	3,760,965	1,244,517	184,608
95 Perc%	5,174,410	3,702,371	4,686,929	1,365,222	1,110,571
98 Perc%	5,883,858	4,206,231	5,150,073	1,401,526	1,573,715
99 Perc%	6,373,294	4,570,431	5,486,486	1,423,957	1,910,128
99.5 Perc%	6,703,332	4,805,288	5,736,005	1,444,810	2,159,647

差分をとっているので，負値はキャプティブ自家保険の正味リスクコストの
ほうが小さいことを表す。

【図表9−17】 正味リスクコスト比較（将来価値評価）のサンプル（DFAの成果物）

	年間損害額 (10年平均；将来価値)	単純自家保険の トータルコスト (10年平均；将来価値)	キャプティブ自家保険の トータルコスト (10年平均；将来価値)	キャプティブ自家保険と 単純自家保険のコスト差 (10年平均；将来価値)	キャプティブ自家保険と 保険ヘッジとのコスト差 (10年平均；将来価値)
最小	1,738,937	1,262,678	3,081,531	162,798	1,853,495
最大	13,515,006	9,715,976	9,553,177	1,818,853	4,618,152
平均	4,740,005	3,410,055	4,720,445	1,310,390	214,581
標準偏差	1,530,793	1,092,401	848,356	260,306	848,356
25 Perc%	3,574,193	2,578,264	4,073,049	1,192,686	861,976
50 Perc%	4,440,444	3,195,367	4,540,942	1,358,613	394,084
75 Perc%	5,616,122	4,035,326	5,234,219	1,497,649	299,193
95 Perc%	7,608,303	5,455,633	6,301,176	1,633,479	1,366,150
98 Perc%	8,705,917	6,220,357	6,893,897	1,676,403	1,958,871
99 Perc%	9,372,634	6,739,859	7,239,373	1,702,411	2,304,347
99.5 Perc%	9,846,911	7,063,775	7,580,761	1,723,085	2,645,735

【図表9−18】 期中増資額とそのボラティリティのサンプル（DFAの成果物）

	会計年1	会計年2	会計年3	会計年4	会計年5	会計年6	会計年7	会計年8	会計年9	会計年10	会計年11	合計
増資確率	25.30%	22.61%	20.19%	19.78%	17.77%	17.67%	17.01%	17.08%	16.46%	16.37%	4.16%	42.70%
最小	-	-	-	-	-	-	-	-	-	-	-	-
最大	5,560,000	4,540,000	10,250,000	10,910,000	10,490,000	4,150,000	10,280,000	1,740,000	4,670,000	13,020,000	10,280,000	9,780,000
平均	278,998	287,946	257,798	276,536	233,542	251,918	244,348	242,371	225,517	232,754	87,378	2,619,106
標準偏差	651,194	759,724	717,043	799,335	714,744	809,128	769,977	800,616	726,340	775,404	557,552	5,467,760
55 Perc%	-	-	-	-	-	-	-	-	-	-	-	-
60 Perc%	-	-	-	-	-	-	-	-	-	-	-	300,000
65 Perc%	-	-	-	-	-	-	-	-	-	-	-	860,000
70 Perc%	-	-	-	-	-	-	-	-	-	-	-	1,470,000
75 Perc%	20,000	-	-	-	-	-	-	-	-	-	-	2,520,000
80 Perc%	390,000	230,000	30,000	-	-	-	-	-	-	-	-	3,950,000
85 Perc%	740,000	640,000	500,000	490,000	290,000	300,000	220,000	240,000	180,000	180,000	-	6,210,000
90 Perc%	1,120,000	1,140,000	1,030,000	1,070,000	890,000	930,000	880,000	850,000	830,000	800,000	-	9,190,000
95 Perc%	1,650,000	1,860,000	1,770,000	1,840,000	1,640,000	1,720,000	1,760,000	1,680,000	1,590,000	1,640,000	-	14,000,000
98 Perc%	2,540,000	2,780,000	2,670,000	2,900,000	2,610,000	2,720,000	2,860,000	2,710,000	2,550,000	2,670,000	1,700,000	19,240,000
99 Perc%	3,090,000	3,480,000	3,330,000	3,760,000	3,400,000	3,590,000	3,620,000	3,610,000	3,450,000	3,710,000	3,080,000	23,940,000
99.5 Perc%	3,560,000	4,040,000	4,190,000	4,850,000	4,290,000	4,850,000	4,510,000	4,770,000	4,430,000	4,840,000	4,350,000	28,210,000

平均的に見れば保険料＞保険金なので，増資確率も増資額も漸減する。

【図表9−19】　期中増資額とそのボラティリティのサンプル（DFAの成果物）

	会計年1	会計年2	会計年3	会計年4	会計年5	会計年6	会計年7	会計年8	会計年9	会計年10	会計年11
最小	769,000										
最大	15,830,000	14,996,000	15,159,000	16,478,000	16,093,000	17,850,000	19,651,000	21,566,000	23,517,000	24,731,000	24,660,000
平均	7,728,192	9,508,270	10,235,115	10,645,471	10,725,156	10,903,000	11,071,551	11,482,218	11,942,206	12,454,919	12,884,962
標準偏差	687,386	1,802,339	2,173,204	2,700,412	2,935,104	3,487,716	3,909,917	4,348,167	4,740,024	5,198,856	5,393,109
25 Perc%	7,453,000	8,237,000	8,410,000	8,428,000	8,596,000	8,626,000	8,550,000	8,607,000	8,607,000	8,633,000	6,291,000
50 Perc%	7,984,000	10,111,000	10,285,000	10,293,000	10,935,000	11,237,000	11,155,000	11,071,000	12,511,000	11,912,000	11,398,000
75 Perc%	8,210,000	11,484,000	11,780,000	11,975,000	12,438,000	12,595,000	11,473,000	13,693,000	15,686,000	16,957,000	15,377,000
95 Perc%	8,500,000	10,338,000	10,601,000	12,765,000	13,395,000	15,194,000	16,337,000	17,251,000	16,761,000	19,144,000	18,415,000
98 Perc%	8,527,000	10,694,000	13,191,000	14,495,000	14,922,000	15,424,000	14,739,000	17,752,000	19,771,000	23,120,000	21,091,000
99 Perc%	15,830,000	10,765,000	13,155,000	13,452,000	14,457,000	16,124,000	17,525,000	19,920,000	21,850,000	21,850,000	21,801,000
99.5 Perc%	15,830,000	10,929,000	13,130,000	14,099,000	10,497,000	17,824,000	19,222,000	20,656,000	22,159,000	22,918,000	21,474,000

平均的に見れば保険料＞保険金なので，また期中増資によって，キャプティブの滞留資金は漸増するので，ローンバック可能額も漸減する。

【図表9−20】　バランスシートのサンプル（DFAの副産物）

(千円)

Balance Sheet	Fiscal 1	Fiscal 2	Fiscal 3	Fiscal 4	Fiscal 5	Fiscal 6	Fiscal 7	Fiscal 8	Fiscal 9	Fiscal 10
Cash Equivalent	¥ 1,932,727	¥ 1,963,115	¥ 2,016,568	¥ 2,032,624	¥ 2,046,359	¥ 1,937,945	¥ 2,033,029	¥ 2,074,748	¥ 1,934,469	¥ 1,939,460
Group Loan Asset	¥ 1,922,000	¥ 1,965,000	¥ 2,012,000	¥ 2,022,000	¥ 2,042,000	¥ 1,972,000	¥ 2,002,000	¥ 2,065,000	¥ 1,978,000	¥ 1,942,000
Prepaid Expenses	¥ 3,493	¥ 3,562	¥ 3,634	¥ 3,706	¥ 3,780	¥ 3,856	¥ 3,933	¥ 4,012	¥ 4,092	¥ 4,174
Deferred Tax Asset	¥ 290	¥ -	¥ -	¥ 17,250	¥ -	¥ -	¥ 6,203	¥ -	¥ 80,162	¥ 54,290
Asset Total	¥ 3,858,510	¥ 3,931,677	¥ 4,032,202	¥ 4,075,580	¥ 4,092,140	¥ 3,946,250	¥ 4,045,165	¥ 4,143,760	¥ 3,996,723	¥ 3,939,925
Outstanding Losses Reserve	¥ 27,662	¥ -	¥ -	¥ 54,053	¥ 11,996	¥ -	¥ -	¥ -	¥ 77,171	¥ -
IBNR Losses Reserve	¥ -	¥ -	¥ -	¥ 54,053	¥ 11,996	¥ -	¥ -	¥ -	¥ 77,171	¥ -
Accrued Expenses	¥ 8,008	¥ 8,168	¥ 8,332	¥ 8,498	¥ 8,668	¥ 8,841	¥ 9,018	¥ 9,199	¥ 9,383	¥ 9,598
Liability Total	¥ 35,670	¥ 8,168	¥ 8,332	¥ 116,603	¥ 32,660	¥ 8,841	¥ 9,018	¥ 9,199	¥ 163,726	¥ 9,598
Paid-up Capital	¥ 3,750,000	¥ 3,750,000	¥ 3,750,000	¥ 3,750,000	¥ 3,750,000	¥ 3,750,000	¥ 3,750,000	¥ 3,750,000	¥ 3,750,000	¥ 3,750,000
Additional Paid-up Capital										
Retained Earnings	¥ 72,840	¥ 173,509	¥ 273,870	¥ 208,977	¥ 309,480	¥ 187,409	¥ 286,147	¥ 384,561	¥ 82,998	¥ 180,326
Capital & Surplus	¥ 3,822,840	¥ 3,923,509	¥ 4,023,870	¥ 3,958,977	¥ 4,059,480	¥ 3,937,409	¥ 4,036,147	¥ 4,134,561	¥ 3,832,998	¥ 3,930,326
Liability, Capital & Surplus Total	¥ 3,858,510	¥ 3,931,677	¥ 4,032,202	¥ 4,075,580	¥ 4,092,140	¥ 3,946,250	¥ 4,045,165	¥ 4,143,760	¥ 3,996,723	¥ 3,939,925

10,000通りの財務諸表の中の一例であり，正味リスクコストとは無関係である。

【図表9−21】　キャッシュ・フロー計算書のサンプル（DFAの副産物）

(千円)

Cashflow Statement	Fiscal 1	Fiscal 2	Fiscal 3	Fiscal 4	Fiscal 5	Fiscal 6	Fiscal 7	Fiscal 8	Fiscal 9	Fiscal 10
Net Income	¥ 72,840	¥ 100,669	¥ 100,361	-¥ 64,893	¥ 100,503	-¥ 122,071	¥ 98,738	¥ 98,414	-¥ 301,563	¥ 97,328
Out Standing Losses Reserve	¥ 27,662	-¥ 27,662	¥ -	¥ 54,053	-¥ 42,057	-¥ 11,996	¥ -	¥ -	¥ 77,171	-¥ 77,171
IBNR Losses Reserve	¥ -	¥ -	¥ -	¥ 54,053	-¥ 42,057	-¥ 11,996	¥ -	¥ -	¥ 77,171	-¥ 77,171
Prepaid Expenses	-¥ 3,493	-¥ 70	-¥ 71	-¥ 73	-¥ 74	-¥ 76	-¥ 77	-¥ 79	-¥ 80	-¥ 82
Accrued Expenses	¥ 8,008	¥ 160	¥ 163	¥ 167	¥ 170	¥ 173	¥ 177	¥ 180	¥ 184	¥ 216
Deferred Tax Asset	¥ 290	¥ 290	¥ -	-¥ 17,250	¥ 17,250	-¥ 32,449	¥ 26,247	¥ 6,203	-¥ 80,162	¥ 25,872
Movement of Non-Cash Items	¥ 31,887	-¥ 27,281	¥ 92	¥ 90,949	-¥ 66,767	-¥ 56,343	¥ 26,347	¥ 6,304	¥ 74,284	-¥ 128,337
Cashflow from Operation	¥ 104,727	¥ 73,387	¥ 100,453	¥ 26,056	¥ 33,736	-¥ 178,415	¥ 125,084	¥ 104,719	-¥ 227,279	-¥ 31,009
Beg. B/L of Cash Equivalent	¥ 3,750,000	¥ 1,932,727	¥ 1,963,115	¥ 2,016,568	¥ 2,032,624	¥ 2,046,359	¥ 1,937,945	¥ 2,033,029	¥ 2,074,748	¥ 1,934,469
Group Loan	-¥ 1,922,000	-¥ 43,000	-¥ 47,000	-¥ 10,000	-¥ 20,000	¥ 70,000	-¥ 30,000	-¥ 63,000	¥ 87,000	¥ 36,000
Capital Infusion	¥ -	¥ -	¥ -	¥ -	¥ -	¥ -	¥ -	¥ -	¥ -	¥ -
End. B/L of Cash Equivalent	¥ 1,932,727	¥ 1,963,115	¥ 2,016,568	¥ 2,032,624	¥ 2,046,359	¥ 1,937,945	¥ 2,033,029	¥ 2,074,748	¥ 1,934,469	¥ 1,939,460

【図表9−22】　損益計算書のサンプル（DFAの副産物）

(千円)

Profit & Losses	Fiscal 1	Fiscal 2	Fiscal 3	Fiscal 4	Fiscal 5	Fiscal 6	Fiscal 7	Fiscal 8	Fiscal 9	Fiscal 10
Written Premiums	¥ 210,999	¥ 210,999	¥ 210,999	¥ 210,999	¥ 210,999	¥ 210,999	¥ 210,999	¥ 210,999	¥ 210,999	¥ 210,999
Ceded Premiums	¥ -	¥ -	¥ -	¥ -	¥ -	¥ -	¥ -	¥ -	¥ -	¥ -
Net Written Premium	¥ 210,999	¥ 210,999	¥ 210,999	¥ 210,999	¥ 210,999	¥ 210,999	¥ 210,999	¥ 210,999	¥ 210,999	¥ 210,999
Net Earned Premium	¥ 210,999	¥ 210,999	¥ 210,999	¥ 210,999	¥ 210,999	¥ 210,999	¥ 210,999	¥ 210,999	¥ 210,999	¥ 210,999
Paid Losses	¥ -	¥ 27,662	¥ -	¥ 100,605	¥ 84,113	¥ 303,960	¥ -	¥ -	¥ 351,239	¥ 154,343
trf to Outstanding Losses Reserve	¥ 27,662	-¥ 27,662	¥ -	¥ 54,053	-¥ 42,057	-¥ 11,996	¥ -	¥ -	¥ 77,171	-¥ 77,171
trf to IBNR Losses Reserve	¥ -	¥ -	¥ -	¥ 54,053	-¥ 42,057	-¥ 11,996	¥ -	¥ -	¥ 77,171	-¥ 77,171
Incurred Losses	¥ 27,662	¥ -	¥ -	¥ 208,710	¥ -	¥ 279,968	¥ -	¥ -	¥ 505,582	¥ -
Ceding Commission	¥ 63,300	¥ 63,300	¥ 63,300	¥ 63,300	¥ 63,300	¥ 63,300	¥ 63,300	¥ 63,300	¥ 63,300	¥ 63,300
Net Ceding Commission	¥ 63,300	¥ 63,300	¥ 63,300	¥ 63,300	¥ 63,300	¥ 63,300	¥ 63,300	¥ 63,300	¥ 63,300	¥ 63,300
Net Underwriting Income (Losses)	¥ 120,038	¥ 147,700	¥ 147,700	-¥ 61,010	¥ 147,700	-¥ 132,268	¥ 147,700	¥ 147,700	-¥ 357,883	¥ 147,700
Investment Income	¥ 3,845	¥ 3,931	¥ 4,025	¥ 4,046	¥ 4,046	¥ 3,944	¥ 4,006	¥ 4,130	¥ 3,957	¥ 3,885
General Operating Expenses	¥ 31,680	¥ 24,202	¥ 24,686	¥ 25,179	¥ 25,683	¥ 26,197	¥ 26,720	¥ 27,255	¥ 27,800	¥ 28,384
Operating Income	¥ 92,203	¥ 127,439	¥ 127,039	-¥ 82,143	¥ 126,063	-¥ 154,521	¥ 124,985	¥ 124,575	-¥ 381,726	¥ 123,200
Income Tax	¥ 19,653	¥ 26,470	¥ 26,678	¥ -	¥ 8,348	¥ -	¥ -	¥ 19,958	¥ -	¥ -
trf to Deferred Tax Asset	-¥ 290	¥ 290	¥ -	-¥ 17,250	¥ 17,250	-¥ 32,449	¥ 26,247	¥ 6,203	-¥ 80,162	¥ 25,872
Net Income	¥ 72,840	¥ 100,669	¥ 100,361	-¥ 64,893	¥ 100,503	-¥ 122,071	¥ 98,738	¥ 98,414	-¥ 301,563	¥ 97,328

第10章

10

キャプティブ
自家保険を
導入する

1 キャプティブ市場の現状

　キャプティブ自家保険を理解することと，キャプティブ市場の現状を知ることは似て非なることだが，キャプティブ自家保険の導入・継続を決断する際の補完情報となるベンチマーク情報に触れておくことも必要だろう。

　キャプティブ市場の動向を毎年特集しているBusiness Insurance誌（主として北米保険市場を取材対象とした損害保険専門誌）の2021年3月号（Special Report）によれば，2020年末現在，世界には6,024社のキャプティブが存在する。この数字には，リスクファイナンスとは異なる目的で利用されることが多い，いわゆるマイクロ・キャプティブ，シリーズ・キャプティブあるいは保護セル・キャプティブのセルは含まれていない。

　全世界で自家保険を（主）目的としたキャプティブが約6,000社あるとは言え，少なくとも統計的には，キャプティブ総数は2015年以降にピークアウトしている。その理由は，世界的なM&Aの隆盛でキャプティブ同士が合併あるいは片方が清算された，あるいは，データ収集エラー（あるドミサイルは上記の除外対象キャプティブをカウントし，あるドミサイルは除外する，など）によって最新データが公表されるたびに前年データが減数修正されたことが大きく影響しているとのことである。

　したがって，総数が減少傾向にあるからと言って，キャプティブの有用性が薄らいでいるわけではない。Marshから見れば，むしろキャプティブをリスクファイナンスのコアに位置づける企業が増え，自家保険の規模と対象範囲が年々拡大している。

　MarshはMarsh Captive Solutionsを通じて，キャプティブ・マネージャー・

サービス，キャプティブ・アドバイザリー・サービス，キャプティブ・アクチュアリー・サービスを提供しており，上記Special Reportでは毎年キャプティブ・マネージャー・ランキングのトップの一角を占める。2020年末現在1,389社（セル等を含めると1,480社）のキャプティブの運営業務を受託しており，正味保険料約540億ドル（約5兆9,400億円），純資産1,130億ドル（約12兆4,300億円）というキャプティブ・ポートフォリオを管理している。Marshは，大規模なポートフォリオから得られる様々なデータ，クライアントの動向，ドミサイル当局との意見交換に基づいて，2008年版から2016年版まではCaptive Benchmarking Report，2017年版以降はCaptive Landscape Reportを毎年発行している。

【図表10－1】　Marsh Captive Solutionsとは

専門性
✓ アクチュアリー（保険数理人）資格者をはじめとした全世界400名のスタッフ
✓ 専門知識と分析力を駆使したサービス提供
✓ お客様の事業内容に合わせた包括的な解決策提供およびキャプティブの長期的な運営支援

現地事務所
✓ 世界130か国以上・約580か所の事業所網とともに，主要ドミサイルに現地事務所を設置済

経験
✓ 世界最大手のキャプティブマネージャーとして，総合計1,480社，590億ドルを超える保険料のキャプティブを運営受託
✓ 運営受託している業種も多岐にわたる

ドミサイル
✓ 世界49か所でのキャプティブ運営を実施
✓ キャプティブの設立から運営のみならず，ドミサイル移転も数多くサポートした実績

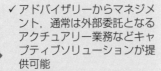

サービス
✓ アドバイザリーからマネジメント，通常は外部委託となるアクチュアリー業務などキャプティブソリューションが提供可能
✓ 再保険ブローカー（Bowring Marsh）も同一グループ内のため，関連サービスをワンストップで提供可能

日本との連携
✓ 提携や一部出資等ではなく，弊社キャプティブマネージメント会社は同一グループ会社
✓ 日本から完全にコントロールすることが可能

　2020年9月に発行されたCaptive Landscape Report 2020年版によれば，

2019年後半から保険レートが高騰（ハード化）する兆しが見え始めた損害保険市場（特に再保険市場）は，2020年の新型コロナウイルス感染の世界的拡大と長期化，高度なサイバーリスクの顕在化，大型自然災害の多発化などによって保険市場全体の引受成績が悪化する一方，経済活動の低迷による債券市場の低金利傾向の長期化をきっかけにしてハード化の勢いを強めている。そして，2021年に入ってもその勢いはまだ弱まっていないように見受けられる。キャプティブは，その生い立ちがハード化する保険市場への対処だったことと，これまでも保険市場がハード化するたびに新規設立数が増えていたことから，本書の執筆時点において，筆者は，少なくとも2021年のキャプティブ総数は前年実績を大きく上回ると予想する。

【図表10-2】 保険レートのハード化とキャプティブの収入保険料は正の相関がある

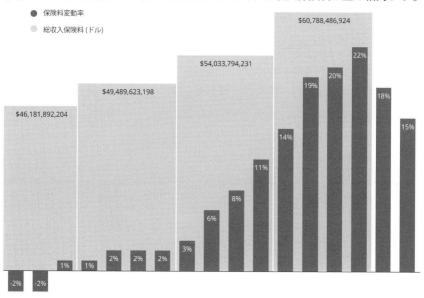

（出所）マーシュ キャプティブランドスケープレポート 2021年版

　ここ数年は，保険市場はハード化していないどころかソフト化していたにもかかわらず，Marshが運営するキャプティブの総数は緩やかながら増加するとともに，キャプティブ自家保険の対象種目が拡大傾向にあった。直近のデータからは，保険市場のハード化に対応して，引受種目数の拡大，伝統的種目の引

受保険料の拡大に加えて，非伝統的種目の引受保険料が急拡大していることがわかる。本書の執筆時点でもその傾向は変わらないどころか，むしろ強まっているように見受けられる。

【図表10－3】　急拡大する非伝統的種目の引受保険料

補償内容	2019 正味収入保険料	2020 正味収入保険料	変動率	補償内容	2019 正味収入保険料	2020 正味収入保険料	変動率
身体障害	$2,564,428	$29,326,540	1044%	独立請負業者向け P&C	$269,702,269	$385,745,693	43%
任意保険（ペット、情報漏洩、その他）	$848,481	$5,752,269	578%	自動車保険	$7,446,900	$9,596,965	29%
犯罪保険	$11,865,750	$67,365,208	468%	海上賠償責任保険	$47,722,496	$60,421,443	27%
生命保険	$4,833,732	$14,218,823	194%	航空機賠償責任保険	$21,742,391	$26,172,519	20%
米国長期所得補償保険	$989,260,953	$2,529,909,611	156%	米国テロリスクプール	$237,849,137	$269,596,197	13%
環境保険	$32,599,444	$73,726,920	126%	エクセル賠償責任保険	$60,712,056	$66,891,684	10%
疾病費用ストップロス	$1,428,762,178	$2,591,230,867	81%	海上保険	$2,735,820,595	$2,930,036,882	7%
インターナショナルプーリング	$209,633,093	$226,687,846	74%	E&O	$98,801,645	$102,310,777	4%
知的財産（IP）	$22,697,335	$39,481,286	74%	輸送保険	$18,186,969	$18,651,361	3%
年金	$992,885,860	$1,705,843,254	72%	アンブレラ	$232,830,749	$237,763,456	2%
サイバー賠償責任	$41,105,803	$63,486,361	54%	延長保証	$3,527,774,099	$3,583,626,951	2%
D&O	$55,053,639	$82,582,894	50%	シュアティ	$63,108,952	$63,955,626	1%
				雇用慣行賠償責任保険	$32,300,148	$32,713,613	1%

（出所）マーシュ キャプティブランドスケープレポート 2021年版

Captive Benchmarking Reportの公表当初から，Marshのポートフォリオにおいて特定業種に引受保険料ボリュームが集中する傾向は変わらないが，それ以上に注目すべきなのは，豊富な業種がキャプティブ自家保険を行っているという点も公表当初から変わらないことである。

【図表10－4】　ほぼすべての業界でキャプティブ数が増えている

	2019 キャプティブ数	2020 キャプティブ数	変動率	2019 保険料総額 USD	2020 保険料総額 USD	変動率		2019 キャプティブ数	2020 キャプティブ数	変動率	2019 保険料総額 USD	2020 保険料総額 USD	変動率
自動車	36	46	28%	$1.86B	$2.09B	12%	航空・宇宙	22	23	5%	$0.69B	$0.41B	-41%
スポーツエンターテインメントイベント	10	12	20%	$0.21B	$0.25B	23%	ヘルスケア	136	142	4%	$2.83B	$2.61B	-8%
金融機関	249	287	15%	$21.32B	$28.12B	32%	化学	32	33	3%	$0.39B	$0.39B	2%
ライフサイエンス	20	23	15%	$2.06B	$1.42B	-31%	その他サービス	44	45	2%	$0.59B	$0.69B	18%
コミュニケーションメディアテクノロジー	45	50	11%	$6.08B	$6.35B	5%	教育	19	19	0%	$0.28B	$0.29B	4%
食料・飲料	18	20	11%	$0.94B	$0.78B	-17%	エネルギー	62	61	-2%	$1.38B	$1.72B	25%
製造	76	84	11%	$1.77B	$1.93B	9%	電力・ユーティリティ	39	38	-3%	$0.70B	$0.91B	30%
海上輸送	21	23	10%	$0.59B	$0.64B	8%	金属・鉱物	30	29	-3%	$0.61B	$0.61B	-1%
不動産	37	40	8%	$0.15B	$0.11B	-23%	公益・非営利団体	20	19	-5%	$0.09B	$0.14B	69%
建設	65	70	8%	$0.60B	$0.51B	-15%	ホスピタリティ	10	9	-10%	$0.12B	$0.20B	61%
小売／卸売	72	77	7%	$2.80B	$2.88B	3%	農業・漁業	14	11	-21%	$0.22B	$0.21B	-6%
その他	45	48	7%	$5.94B	$6.25B	5%							
運輸	46	49	7%	$1.16B	$0.91B	-22%							

（出所）マーシュ キャプティブランドスケープレポート 2021年版

興味がある読者は，Captive Landscape Reportをダウンロードしていただきたい（https://www.marsh.com/us/services/captive-insurance/insights/captive-landscape-report-2021.html）。

一方，日系企業が所有するキャプティブ市場はどうであろうか。

残念ながら公式の統計はないが，Marshは日系企業が所有するキャプティブは約120社と推測している。しかしながら，その大半は，①保険会社が戦略の一環として所有している，②海外M&Aで買収した相手が所有しているが親会社は関与していない，③引受停止中，④中小企業や保険代理店が自家保険とは異なる目的で所有している，キャプティブだと考えられる。その結果，本書が試行するような純粋な自家保険キャプティブの数を保守的に見積れば30社程度しか残らない。

【図表10−5】 国内におけるキャプティブの状況

■マーシュが関与するキャプティブ数

約**50**社
日本
全業界

マーシュジャパンが過去FS/
設立/運営のいずれかに関与
したキャプティブ
（現存するか否か問わない）

1480社
グローバル
全業界

出典：Business
Insurance Special
Report, March 2021

■参考：現存する日本企業所有のキャプティブ数（弊社推定）

- ✓ 日本企業所有のキャプティブ数：約120社
- ✓ 自家保険のファイナンス目的の日本企業所有のキャプティブ：約30社
  （保険会社・海外子会社所有/現在活動していない/中小企業・代理店キャプティブを除く）
- ✓ 上記約30社のうち，マーシュジャパンがFS/設立/運営に関わったキャプティブ：40%以上（過去4年間でFS12件，設立9件）

それらの純粋な自家保険目的のキャプティブのうち，少なくともMarshのクライアントに限れば，10年前とは明らかに異なるトレンドがある。それはまさに，本書で説明してきた考え方に基づいて，自社の財務規模に相応しい規模の自家保険目的のキャプティブを最初から志向し，実際に導入しているという点である。その中には，自家保険上限が数百億円というキャプティブや，初期資本金が100億円というキャプティブもある。逆に，企業規模にかかわらず，自家保険上限が10億円以下というキャプティブのほうが珍しくなった。

このように本格的な自家保険目的のキャプティブが志向されるようになった

理由は，プロジェクトの多くにおいてCFOを含む経営トップからの直接的な指示やサポートがあったことを踏まえると，東日本大震災とその後の一連の自然災害による大規模損害を体験して，経営者が保険ヘッジの限界を痛感したこと，海外M&Aを通して自社のリスクファイナンス手法の非合理性を認識したこと，企業組織再編の過程でリスクファイナンスをその本質論から考えるようになったこと，にあるのではないかと筆者は考えている。

【図表10－6】　国内におけるキャプティブ設立が進まない背景と最近の傾向

【キャプティブ設立が進まない背景】	【日系キャプティブユーザーの最近の傾向】
■　**自家保険**という目的に関する理解不足 　・　損失自己負担に対する心理的抵抗 　・　全体最適ではなく個別最適を優先 　・　内部評価ルールの不備 ■　**キャプティブ**という手法に関する理解不足 　・　自家保険に特殊な別法人格を使う 　・　再々保険はなくていい（むしろないほうがいい） 　・　資金不足には増資で対処すればよい ■　**財務・会計・税務**に関する理解不足 　・　損益取引と資本取引の使い分け 　・　タックスプランニング 　・　コストセンターの価値評価 ■　**外部プロフェッショナル**の活用不足	■　**トータルコスト**でリスクを考える 　・　財務部や経営陣が深く関わる 　・　保険料を払うのも，損害を自己負担するのも，同じく費用 　・（国際）業務，財務，会計，税務トータルで最適な自家保険スキーム ■　**グローバルプログラム**を支える重要なツール 　・　実質的な高額免責プログラム ■　グループの経済規模に見合う**保有金額** 　・　正味保有額10億円は当たり前 ■　キャプティブにそぐわないと言われてきた**リスク**も投入 　・　地震リスク，リコール補償リスク ■　**グローバル・キャッシュマネジメント**に組み込む 　・　多額の資本金要件に抵抗がなくなってきた

　同様に，キャプティブを使わずに大規模な単純自家保険を実施する例も増えている。特にリスクの大半が日本国内の場合，わざわざキャプティブを使う理由に乏しいことが多いので，筆者はむしろキャプティブを使わないことを勧めているくらいである。

　日系企業が本格的な自家保険プログラムを志向する動きはようやく上昇軌道に乗ったところだが，筆者はこの上昇トレンドは少なくとも10年は弱まらないと確信している。

2 キャプティブ元受の可否を再考する

　少なくともMarshが管理・運営する米国やEUなどの企業が所有するキャプティブの大半は，親会社やグループ企業からリスクを直接引き受けて自家保険を行っている（キャプティブ元受）。そうすることで，キャプティブ自家保険の正味リスクコストの多くを占めるフロンティング・フィーや仲介手数料を大幅に削減できるからである。

【図表10－7】　元受キャプティブと再保険キャプティブ（【図表2－1】再掲）

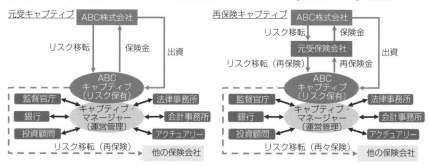

　よく知られているとおり，本邦には，いわゆる国外付保禁止規定というものがある。具体的には，保険業法185条1項において「外国保険業者」が本邦国内で「保険業」を行うには「外国保険会社」免許が必要であり，同法186条1項において「外国保険会社」でなければ日本国内に関連するリスクの元受契約を締結できないとされる。さらに，同条2項は，本邦に所在する者が日本に支店等を設けない「外国保険業者」（すなわち，外国の法令に準拠して外国において保険業を行う者で，本邦で「外国保険会社」の免許を受けていない者）と本邦に所在するリスクについて保険契約するには事前の許可が原則として必要である。

　上記国外付保禁止規定により，本邦で「外国保険会社」の免許を得ていない「外国保険業者」であるキャプティブとの直接契約は保険業法違反となるため，日系企業のキャプティブ自家保険はいわゆる再保険キャプティブ（フロンティング・スキーム）という引受方式を選択する以外にないと，一般的に理解されてきたように思われる。しかし，吉澤卓哉「海外保険者に対する参入規制の整

合性」（損害保険研究75(3), 141-166頁）は，同一の企業グループに属する会社のみを相手方とするキャプティブとの取引は，国外付保禁止規定に抵触しないとしており，注目に値する。筆者の理解するところによれば，ポイントは以下のとおりである。

　保険業法はその総則において，保険業法が適用されない保険取引をいくつか定義している中に，キャプティブとの保険契約が含まれている。具体的には，同法2条1項2号ニにおいて，保険であっても，同一の企業グループに属する会社のみを相手方として行う事業（キャプティブ）は「保険業」に該当しないとされる。そして，「保険業」に該当しない保険引受けの当事者に対する保険契約の申込みは，保険業法186条2項に定める国外付保禁止規定の対象外であると読める。

保険業法2条1項

　この法律において「保険業」とは，人の生存又は死亡に関し一定額の保険金を支払うことを約し保険料を収受する保険，一定の偶然の事故によって生ずることのある損害をてん補することを約し保険料を収受する保険その他の保険で，第三条第四項各号又は第五項各号に掲げるものの引受けを行う事業（次に掲げるものを除く。）をいう。
（略）
2号ニ
　会社が同一の会社の集団（一の会社及び当該会社の子会社の集団をいう。）に属する他の会社を相手方として行うもの
（略）

保険業法2条6項

　この法律において「外国保険業者」とは，外国の法令に準拠して外国において保険業を行う者（略）をいう。

保険業法185条1項

　外国保険業者は，第三条第一項の規定にかかわらず，日本に支店等（外国保険業者の日本における支店，従たる事務所その他の事務所又は外国保険業者の委託を受けて当該外国保険業者の日本における保険業に係る保険の引受けの代理をする者の事務所をいう。以下この節から第五節までにおいて同じ。）を設けて内閣総理大臣の免許を受けた場合に限り，当該免許に係る保険業を当該支店等において行うことができる。

保険業法186条 1 項

　日本に支店等を設けない外国保険業者は，日本に住所若しくは居所を有する人若しくは日本に所在する財産又は日本国籍を有する船舶若しくは航空機に係る保険契約（政令で定める保険契約を除く。次項において同じ。）を締結してはならない。ただし，同項の許可に係る保険契約については，この限りでない。

同法施行令19条

　法第百八十六条第一項本文に規定する政令で定める保険契約は，次に掲げるものとする。

　1 ．再保険契約

　（略）

保険業法186条 2 項

　日本に支店等を設けない外国保険業者に対して日本に住所若しくは居所を有する人若しくは日本に所在する財産又は日本国籍を有する船舶若しくは航空機に係る保険契約の申込みをしようとする者は，当該申込みを行う時までに，内閣府令で定めるところにより，内閣総理大臣の許可を受けなければならない。

　日本以外の契約者とキャプティブとの法律関係は次のとおりである。上記の「保険業」は本邦の定義であり，キャプティブが元受けできるかどうかはドミサイルの法律次第である（一般的に，認められている）。同様に，同一の企業グループに属する子会社とキャプティブの契約が国・域外付保禁止規定に抵触するかどうかは，当該子会社が所在する国・地域の法律次第（例えば，米国や英国では一般的に許されているが，EUでは許されていない，など）である。また，再保険者が，「保険業」除外対象のリスクを引き受けているキャプティブから再保険を引き受けることができるかどうかは，再保険者が登記されている国の保険業法次第である（一般的に，保険会社が引き受けたリスクは再保険引受可能である）。

　以上が，キャプティブ自家保険に係る法律上の制約の概観である。なお，筆者は法の解釈について何らの保証をするものではなく，助言を行うものでもない。読者には各自専門家・アドバイザーに照会頂きたい。

　さて，キャプティブが元受けする場合に実務上懸念されるのは，次の 5 点すなわち，元受契約書と引受保険料，保険クレームの処理，ガバナンスの確保，キャプティブが発行する付保証明書の有用性，であろう。これから記述する内容のほとんどは，多くの日系企業にとってその競争相手である米国やEUなどの企業の多くが行っていることであり，既存の保険会社からのサポートは必ず

しも不可欠ではなく，その気になれば，すべて自社の労力と費用で対応できることばかりである。

(1)　保険契約書と引受保険料をどうするか？

　キャプティブは，自社グループの自家保険戦略，ドミサイル当局の要請，あるいは自社の国際税務戦略に合致した内容の保険契約書に基づいてリスクを引き受け，市場整合的な保険料を契約者に賦課しなければならない。換言すれば，保険料と引き換えにリスク転嫁を約定する市場整合的な契約書を使用しなければならない。Marshを含む外資系国際ブローカーはいわゆるマニュスクリプト・フォームという独自の保険契約書や特約を用意して，クライアント固有のリスクに応じたカスタムメイドな保険プログラムを構築することが多い。キャプティブの元受契約についても，同様のサービスを活用すればよい。同様に，上記外資系国際ブローカーはキャプティブに対するアクチュアリー分析サービスを提供していることが多い。キャプティブの引受条件と適切なデータがあればアクチュアリーは理論保険料を算出することができる。算出結果を自社のタックス・アドバイザーに見せて，保険料配賦の妥当性を検証させれば，TP税制にも対応できる。

(2)　保険クレームを誰が処理するか？

　クレーム処理については，財物損害・逸失利益，貨物損害，賠償責任損害に分けて考える必要があるが，キャプティブ元受だろうとフロンティング・スキームだろうと，被保険者すなわち自社グループにとっての手間と費用は変わらない。

① 　財物損害はその修理費見積りを得ればいいのだから，自社で対応できるし，恒常的に発生件数が多いのならば，事務作業として外部に委託してもいいだろう。このような対応は保険会社が関与する場合であっても同様であるが，自家保険の導入により保険会社の事務コストを削減できる。

② 　逸失利益を算定するのは，損害の規模が大きくなるほど難易度が高まるが，Marshを含む国際ブローカーが提供するクレーム・アドバイザリー・サービスを活用して客観的な金額評価をすることが可能である。このような第三者の評価は，お手盛りの金額をキャプティブに保険金請求してしないというTP税制対応のエビ

デンスとしても有用である。

③　貨物損害も基本的には財物損害と同じである。ただし，貨物損害には，第三者の貨物が同じ船舶や航空機に乗っている間に生じた損害から派生する法律上の求償権が複雑に絡み合うことがあるという点が異なる。それでも，鑑定人を雇ってそれらの評価額を算出することで対処できるし，必要に応じて海事代理士を起用して，自社の権利・義務を保全・解消することも可能だ。

④　賠償責任損害は法律上の争いに由来するので，弁護士を起用すればよい。このような対応は保険会社が関与する場合であっても同様である。例外的に，少額損害は保険会社の判断で処理可能なことが多いが自社が賠償責任の当事者であることに変わりはない。

　これらを踏まえて，低額の保険金請求が頻発するのでフロンティング・フィーを払って保険会社に一任するという考え方も否定はしない。しかしながら，多額のフィーを正当化できるような頻度で保険金請求すなわち事故が生じること自体，オペレーションに問題があるといわざるをえず，自家保険云々の前にそちらを解決するべきかもしれない。

(3)　キャプティブのガバナンス確保

　内部取引でほぼ完結する元受キャプティブ自家保険においては特に，ガバナンスの確保を軽んじてはならない。保険契約書を準備させ，算出された保険料で契約を締結する一連の行為が保険引受業務であり，保険金請求に応じて保険金を支払い，年度末に必要な準備金を計上する一連の行為が保険金請求処理業務である。実際の作業は外部に委託するとしても，保険を引き受ける，保険金を支払うという意思決定はキャプティブ自体が行わなければならない。意思決定機関であるキャプティブの取締役会がそれを担うことになる。これらはドミサイル当局の要請であるだけでなく，自社の会計方針や税務方針に由来する要請である。

(4)　キャプティブが発行する付保証明書の有用性

　キャプティブが発行する付保証明書が果たして取引相手に受け入れてもらえるかは，結論から先にいえば相手次第である。キャプティブ自家保険に慣れている取引相手が多い米国やEUの企業はキャプティブが発行する付保証明書を当たり前のように受け入れている。そのような企業のリスクマネージャーは，

付保証明書が免責証書でも賠償資力の担保でもなく，保険金請求すれば比較的容易に手をつけることができる資金プールの存在を明らかにしているだけのものと理解しているからである。

　キャプティブの財務内容に疑義があれば，増資，親会社保証あるいは銀行Stand-by L/Cなどで直接的に信用強化を求めるのが一般的でもある。その代わりに，信用機関の財務格付けを利用して，疑義の解消を図ったりする。残念ながら，わが国ではまだまだそのような環境にはないものの，筆者は当事者の慣れの問題だと考えている。例えば，読者は金融機関から融資を受ける際の火災保険加入と質権設定の要求に疑問を持ったことはないだろうか。

　融資条件にそれらは本当に必要だろうか。

　火災保険加入の有無で金利が変わるのかという，踏み込んだ議論をしているだろうか。

　商取引相手とどちらがリスク負担者になるか，その割合や上限まで踏み込んで取引条件の交渉をしているだろうか。

　フロンティング・スキームを回避するだけで数億円のコスト削減になると知ったらどうだろうか。

　キャプティブが発行する付保証明書が本当に受け入れられないのか，あるいは，受け入れてもらうための条件は何かを検証してからフロンティング・スキームを選択しても遅くはない。

(5)　キャプティブに支払う元受保険料の損金算入可否

　本邦税法は，保険契約，保険料，保険金を定義していない。これらは保険法で定義されている（2条）。また，保険料を損金算入できる具体的な条件は示されていない。つまり，フロンティング・スキームだから損金算入可能，キャプティブ元受だから損金算入不可能，あるいは国内取引だから可能，国際取引だから不可能，などとする根拠は本邦税法において直接的に示されていない。強いていうならば，「通常の保険取引」と同等ならば費用として損金算入可能，そうでなければ不可能という判断基準で個々の取引が判定されるといわざるをえない。

本邦保険法 2 条

1 号　保険契約

　保険契約，共済契約その他いかなる名称であるかを問わず，当事者の一方が一定の事由が生じたことを条件として財産上の給付（生命保険契約及び傷害疾病定額保険契約にあっては，金銭の支払に限る。以下「保険給付」という。）を行うことを約し，相手方がこれに対して当該一定の事由の発生の可能性に応じたものとして保険料（共済掛金を含む。以下同じ。）を支払うことを約する契約をいう。

2号　保険者

　保険契約の当事者のうち，保険給付を行う義務を負う者をいう。

3号　保険契約者

　保険契約の当事者のうち，保険料を払う義務を負う者をいう。

4号　被保険者

　次のイからハまでに掲げる保険契約の区分に応じ，当該イからハまでに定める者をいう。

　イ　損害保険契約

　　損害保険契約によりてん補することとされる損害を受ける者

　ロ　生命保険契約

　　その者の生存又は死亡に関し保険者が保険給付を行うこととなる者

　ハ　傷害疾病定額保険契約

　　その者の傷害又は疾病（以下「傷害疾病」という。）に基づき保険者が保険給付を行うこととなる者

5号　保険金受取人

　保険給付を受ける者として生命保険契約又は傷害疾病定額保険契約で定めるものをいう。

6号　損害保険契約

　保険契約のうち，保険者が一定の偶然の事故によって生ずることのある損害をてん補することを約するものをいう。

7号　傷害疾病損害保険契約

　損害保険契約のうち，保険者が人の傷害疾病によって生ずることのある損害（当該傷害疾病が生じた者が受けるものに限る。）をてん補することを約するものをいう。

8号　生命保険契約

　保険契約のうち，保険者が人の生存又は死亡に関し一定の保険給付を行うことを約するもの（傷害疾病定額保険契約に該当するものを除く。）をいう。

9号　傷害疾病定額保険契約

　保険契約のうち，保険者が人の傷害疾病に基づき一定の保険給付を行うことを約するものをいう。

　しかし，2021年にOECD（経済協力開発機構）が公表したBEPSプロジェクトの追加アクションプラン（「Transfer Pricing Guidance on Financial Transactions: Inclusive Framework on BEPS: Action 4, 8 -10」）において，キャプ

ティブの取引に関する分析と課税指針が示されていることから，遅かれ早かれ，本邦税法でもCFC税制やTP税制に新たな基準が導入されるだろう。

　取引の形式ではなく実質に注目する点は，国外グループ会社がキャプティブに支払う保険料の損金算入可否の検証においても同様である。例えば，米国連邦所得税法上の「通常の保険取引」とは何かについて多くの判例や通達がある。そこから明確な基準を抽出するのは不可能だが，展開されている考え方は，本邦税法上の論点を理解する上でも大いに参考になるだろう。

　米国所在キャプティブの税ポジションと，グループの米国子会社から見たキャプティブ（米国所在を問わない）の税ポジションに共通する考え方は【図表10－8】のとおりである。

【図表10－8】　米国連邦所得税法上のキャプティブに関する税ポジション

INSURANCE COMPANY FOR FEDERAL TAX PURPOSES（税法上の保険会社）	RISK FINANCING VEHICLE（リスク・ファイナンス・ビークル）
支払保険料は税法上の損金である	キャプティブに支払われる保険料は税法上の損金ではない（保険料は子会社への出資扱い）
キャプティブは収益を認識する	キャプティブは収益を認識しない
キャプティブは支払備金の繰り入れ・繰り戻しを**現在価値ベースで割り引いて認識する**	キャプティブは支払備金の繰り入れ・繰り戻しを認識しない
税ポジションは様々な判例で追認されている	クレームは支払われた金額だけを損金として認識する（親会社に支払われた保険金は子会社からの配当扱い）

米国所在会社の税ポジションが変わる　米国所在会社の税ポジションは変わらない

> 親会社の所在地，キャプティブの所在地，ドミサイルでの取り扱いとは無関係

（出典）"SUMMARY OF IMPORTANT TAX ISSUES"，2014年9月，Marsh LLC

　「税法上の保険会社」という税ポジションを確保するための条件は【図表10－9】のとおりである。

【図表10-9】 米国連邦所得税法上の「税法上の保険会社」という税ポジションの条件

組織構成からのアプローチ

- 保険料を負担する在米子会社がキャプティブの株式を所有していない
- キャプティブが,（米国所在の）親会社の支店や部門を引き受けていない
- キャプティブの保険契約が, 通常の保険会社が取り交わしているような元受契約あるいは再保険契約と同様のものであり, 保険業界では一般的な方法に従って保険料が算出されている
- キャプティブが, その登記地において保険会社として監督されている
- 支払備金が合理的かつ妥当な方法で算出されている
- キャプティブの中でリスクがプールされ, あるいは,「共有」されている（キャプティブの中で, 子会社ごとにリスクが区分管理されていない）
- キャプティブ設立の動機には, 税コスト節減以外の合理的理由（経済合理性）がある
- キャプティブの資本金がリスクに見合う金額である
- 親会社保証や親会社へのローンがない

第三者リスク引受からのアプローチ

- キャプティブの引受ポートフォリオの少なくとも30%〜50%が第三者リスクで占められている
  - 10%では明らかに不十分
  - 10〜50%はグレーゾーン
  - 判定は収入保険料（Earned Premiums）とRisk量の両面から
- キャプティブの保険契約が, 通常の保険会社が取り交わしているような元受契約あるいは再保険契約と同様のものであり, 保険業界では一般的な方法に従って保険料が算出されている
- キャプティブが, その登記地において保険会社として監督されている
- 支払備金が合理的かつ妥当な方法で算出されている
- キャプティブの資本金がリスクに見合う金額である
- 親会社保証や親会社へのローンがない

（出典）"SUMMARY OF IMPORTANT TAX ISSUES", 2014年9月, Marsh LLC

　上記を踏まえて, キャプティブ, その所有者（通常はグループ親会社）, 非所有者（通常はグループ子会社）の税ポジションをまとめると**【図表10-10】**のようになる。それぞれの課税関係は連動しない（キャプティブは税法上の保険会社であっても, 在米子会社はリスク・ファイナンス・ファンディング・ビークルというポジションを取りうる）という点に注目してほしい。

【図表10-10】　米国連邦所得税法上のキャプティブ，グループ親会社，グループ子
会社の税ポジション

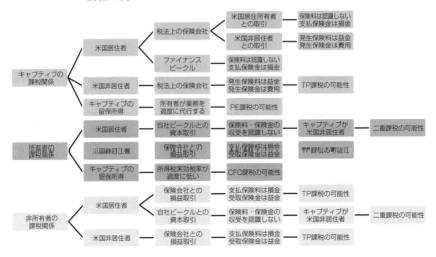

3 キャプティブ・フィージビリティー・スタディー

【図表10−11】はキャプティブ自家保険のフィージビリティー・スタディー（キャプティブ・フィージビリティー・スタディー）実施からキャプティブ自家保険の運営開始に至る概略である。

【図表10−11】 フィージビリティー・スタディーから設立，運営開始に至る業務フロー

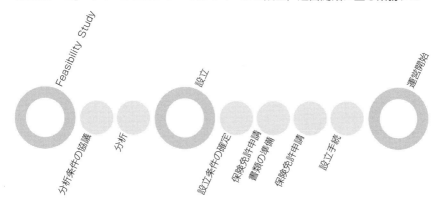

日本におけるMarshのキャプティブ・フィージビリティー・スタディーは，クライアントのトータルリスクコストを分析し，その結果得られる自家保険金額を前提とするものである。

トータルリスクコスト分析は，自家保険が対象とするリスクレイヤーと保険ヘッジが対象とするリスクレイヤーに切り分けて，リスク全体を評価する。自家保険レイヤーは一定の根拠に従って設定された単年の単純自家保険と同義である。

【図表10-12】　リスクカーブとファイナンス・オプションの対応

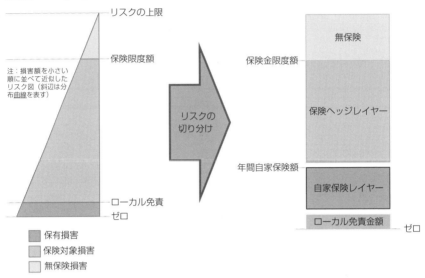

これに対してキャプティブ・フィージビリティー・スタディーは，トータルリスクコスト分析によって得られた自家保険レイヤー（自家保険部分）だけを対象として正味リスクコストの評価を行う。そのために，単年リスクモデルを時系列に拡張し，維持コストや税コスト，資本金やグループ内貸付など，キャプティブ自家保険に固有の要素を加味する。さらに，コスト比較のため，複数年の単純自家保険モデルや代替手段としての保険ヘッジにも税コストなどの要素を加味する。

【図表10-13】　フィージビリティー・スタディーの分析対象は自家保険レイヤー

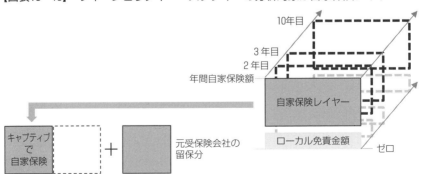

　キャプティブ・フィージビリティー・スタディーの具体的な作業ステップ例と作業スケジュール例は【図表10−14】のとおりである。

【図表10−14】 フィージビリティー・スタディーの作業ステップと作業スケジュール（例）

(1) 想定されるキャプティブ許容額と検討対象（補償）の特定
- リスク許容額についての考え方の提示
- 貴社とのディスカッションによる許容額の検討
- 検討対象とする補償の検討・決定

(2) リスク量の推定
- 種目別の損害率・件数・大規模損害履歴等の確認
- 保有損害額の推定
- 種目別のリスク量の設定
- 理論保険料の算出

(3) エクセス・カバー（キャプティブによるリスク保有を超える部分の保険）の保険料調査
- 保険会社との予備交渉・概算保険料の調査
- リスク保有額増減による価格弾性評価
- 全体コストの算定

(4) トータルリスクコスト比較
- 現状とキャプティブ活用型プログラムの比較

(5) 成果物コンサルティング・レポートの作成
① 経済リスクコストの最適化
　（＝支払保険料＋保有損害額期待値＋リスクチャージ）
② キャプティブコスト分析
　（単純自家保険，キャプティブ，保険転嫁のコスト比較）
③ 想定財務諸表

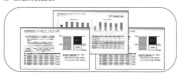

(6) 定例ミーティングの実施
- 進捗状況の共有，課題把握

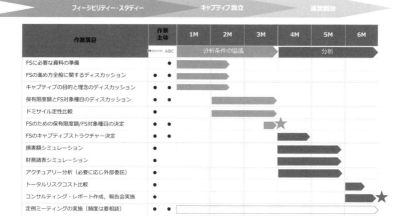

3.1. DFAのシミュレーション条件

【図表10-15】　DFAの前提条件

ドミサイル，保険リスク	資金計画	税コスト計算
検証ドミサイル	初期資本金	コーポレートの税務方針
検証保険リスク	出資者と出資割合	コーポレートの実効税率
保険料増収率	受再割合	キャプティブの税務方針
保険料と配賦割合	再保険手数料率	キャプティブの所得税率
保険料税	再々保険の有無	ドミサイル特有の会計制度
引受継続期間	インフレ率	
設立・清算時の一時費用	資産運用利回り	
年間運営コスト	ハードルレート	
清算時の一時費用	銀行L/C手数料	
	グループ内貸付可能額と金利	
	配当計画	
	FXレート	

■前提条件確定のポイント：

①保険料額が大きい種目を検証対象にする
　　⇒資金効率

②過去の損害履歴（頻度・規模）を検証する
　　⇒モデリングにフィードバック

③自社の経済規模との比較で保有額を決める
　　⇒経営指標へのインパクト見極め

④自社の税務戦略を確認する
　　⇒全体整合性，損金処理方針

⑤保険と資本金の配分を決める
　　⇒キャッシュ・フロー，ソルベンシー

⑥ドミサイル候補を絞る
　　⇒税効果への影響

⑦維持コストを見積もる
　　⇒固定費やオーバーライダー

⑧シミュレーションを繰り返す
　　⇒パラメータ調整

　初期資本金は，キャプティブ元受ならばドミサイルの保険当局が許容する金額が制約条件となるが，フロンティング・スキームならばフロンティング保険会社が許容できる金額が制約条件となる。同じリスク量ならば，フロンティング・スキームのほうが初期資本金は大きくなる。

　ドミサイルには，法定最低資本金とは別に，実際の認可条件としてリスクの質と量に応じて保険当局が許容する金額，例えば，種目に応じて引受保険料の１倍～１/３倍に相当する額が目安の１つとなる。一方，フロンティング保険会社が許容する金額は，引受責任額をすべてカバーできる額，つまり，引受保険金額に対する正味保険料，維持コスト，期首純資産の合計額の差額が必要資本金となる。どちらの場合も，種目が増えれば必要資本金は比例的に増えるが，リスク分散度合いに応じて割り引かれる（例：１＋１＝1.5）こともある。

　出資はキャッシュが原則だが，親会社保証やStand-by L/Cでその一部を補完する方法もある。数は限られるが，三菱UFJ銀行やみずほ銀行は，日系キャプティブに対するStand-by L/C供与の実績がある。また，AM Best等の格付け機関からA格以上の信用格付けを取得して資本要件を緩和する方法もある。出資者は親会社（日本法人）を想定するのが一般的だが，地域統括会社とすることもある。

　グループ内貸付の貸付可能額がシミュレーションで変化するため，会計年度期首における貸付可能額（累積資金量，発生損害額の頻度と規模，支払割合の推移，増資というファクターによって複合的に決まる金額）とすることが多い。また，ソルベンシー減を招く配当は，シミュレーションでは想定しないことが多い。

4 キャプティブ設立フェーズ

【図表10-16】　設立フェーズの流れ

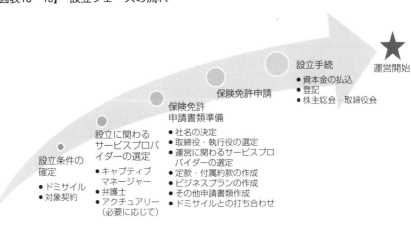

　キャプティブの設立は，フィージビリティー・スタディーで想定したドミサイル候補地を実際に訪れ，ドミサイル当局やキャプティブ・マネージャー，弁護士事務所，銀行，会計事務所，アクチュアリーなどと面談するところからスタートする。新型コロナウイルス感染危機以降，これらはオンラインミーティングで代替可能だが，このような面談はやはりオフラインのほうが望ましいと感じる。また，フロンティング会社と契約条件について予備交渉を始めるのもこの段階である。

　実際にキャプティブを設立する段階に移行するのは，キャプティブの所有予定企業がキャプティブ設立の機関決定するところから始まり，時間的余裕がない（約2～3か月）中で，様々なことを実行していく。特に，引受プログラムの開始時期と引受開始を合わせることが多いため，機関決定が引き延ばされた結果，仮認可から引受開始まで1か月を切ることもざらである。そのような限られた時間で銀行口座を開設して資本金を払い込み，各契約書へ署名して，キャプティブが予定どおり，引受を開始できるようにするのは容易なことではない。

【図表10-17】 設立フェーズの作業スケジュール（例）

　キャプティブは保険会社免許を有する現地法人なので，法人設立と免許申請を並行して進めることになる。そのため一般的には，キャプティブ・マネージャーに免許申請サービスは委託し，現地弁護士事務所に法人設立サービスを委託する。

　キャプティブ・マネージャーは，キャプティブ・フィージビリティー・スタディーで作成した損害予測資料や予想財務諸表に基づいたビジネスプラン，キャプティブ設立を機関決定した証拠（取締役議事録コピーや覚書きなど），フロンティング・スキームの場合はフロンティング再保険契約書案，キャプティブ元受なら元受保険契約書案，担当弁護士が起案した定款やサービス・プロバイダーの契約書案を取りまとめ，免許申請書一式としてドミサイル保険当局に提出する。ドミサイルによっては，キャプティブの取締役就任予定者の供述調書への署名に公的認証（外事認証）が求められる。案件によって異なるが，申請から最短で1か月，長くても2か月以内に仮認可が得られる。本認可の条件は資本金払込確認である。

　免許申請プロセスと並行して，現地弁護士は法人設立発起人となり，キャプティブの定款を起案し，クライアントの承認を経た後に現地法務局に法人設立申請を行う。ドミサイルによって細かい違いはあるが，申請から仮登録まで1〜2週間である。本登録の条件は保険免許認可だが，法人仮登録が済めば，一般法人と同様の法律行為は可能になり，銀行口座を開くことができる。国外銀

行は本邦金融機関よりもガバナンス・スクリーニングが格段に厳しく，提出すべき資料も多いため，口座開設には1週間以上の日数が必要である。

　キャプティブ・マネージャーは，キャプティブの銀行口座に資本金が払い込まれたことを確認し，設立総会（株主総会と取締役会）を招集して，引受プログラムやサービス・プロバイダーとの契約を議決するように関係者に促す。それらのプロセスが完了したら，保険免許の本認可申請を行い，弁護士を通じて法人登録を完了する。

　保険免許が確定したら，キャプティブは元受契約や受再契約（フロンティング・スキーム）あるいは再々保険契約（キャプティブのリスクヘッジ）を正式に結ぶことができる。

5　キャプティブ運営フェーズ

　キャプティブの本認可が確定したら，キャプティブはキャプティブ・マネージャーやその他のサービス・プロバイダーとサービス契約を交わして，キャプティブの運営フェーズがスタートする。

　キャプティブ・マネージャーは，キャプティブ（のオーナー）の指示と必要なデータや資料に基づいて，キャプティブの運営業務を遂行する。運営フェーズでの最大イベントは会計監査であり，それ以外の時期は比較的平穏だが，キャプティブ・マネージャーやその他のサービス・プロバイダーに対して，委託する側の意思決定や指図をタイミングよく出すことが重要である。また，必要があれば躊躇なく増資することも，自家保険戦略において重要な要素である。

　年次総会・取締役会や臨時取締役会への参加はオンラインで可能だが，ガバナンス確保の観点からは少なくとも年に1回現地参加するのが望ましい。

【図表10－18】　年間スケジュールのイメージ

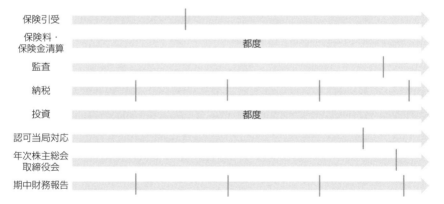

【図表10-19】　キャプティブ・オーナーの年間業務（例）

	主要項目	クライアントの役割
財務諸表と監査	キャプティブ年次報告書	• 年次報告書をレビューし，キャプティブ・マネージャーに関係機関への提出の許可を与える
	キャプティブ監査済み報告書	• （必要あればドミサイルへ行き）監査報告書の最終ドラフトをレビューの上，マネジメント表明書に署名する
	保険数理人による支払準備金の検証	• 保険数理人に対し，保険リスクに関する情報とロスデータを提供する
	5か年の財務予測	• 保険リスクの内容や財務前提条件等，予測値推定のために必要な情報を提供する
	認可当局による定期検査への対応（3年～5年ごと）	• 報告書最終ドラフトをレビューし，懸案事項についてキャプティブ・マネージャーへのアドバイスを行う • 取締役会は次回会合において最終レポートのレビューを行う
申告納税	キャプティブ保険料税（該当する場合）	• 取締役会は次回会合においてキャプティブの保険料税納税申告書のレビューを行う
引受	保険プログラムの変更	• キャプティブ・マネージャーに対し，現行ビジネスプラン変更の要望を伝える
	元受保険契約と再保険契約	• 現行のあるいは新たな保険カバーに関し，付保内容についての詳細情報を提供する • また，キャプティブの引受対象となっている元受保険カバーの情報を毎年提供する
投資	最低資本金	• 必要最低資本を下回った場合に，法規制に則り速やかに資本注入を行う
	関連会社間貸付	• 関連会社間貸付についての要望をキャプティブ・マネージャーに伝え，毎月の利息支払を行う
	株主／保険契約者への配当	• キャプティブ・マネージャーに配当出しの希望を伝え，次回取締役会にて配当支払を決議する（管理当局の承認を前提とする）

コーポレート・ガバナンス	取締役および役員	・取締役および役員変更（属性情報を含む）をキャプティブ・マネージャーに連絡する
	取締役および役員に関する利益相反開示情報の収集	・キャプティブ・オーナーに属する取締役および役員は，年次取締役会において，署名済み書面にて利益相反に関する情報を開示する
	取締役会	・キャプティブ・マネージャーとともに，取締役会の日程調整や議題の設定を行い，会議に参加する
その他	期中財務報告	・キャプティブ・マネージャーに対し，毎月の支払保険金および支払準備金情報や，年初保険料，および定期的なIBNR調整等に関する情報を提供する
	未払金／未収金	・支払に必要な請求書をキャプティブ・マネージャーに転送し，関連会社間貸付の利息支払に必要な資金移動を行う
	年間予算	・予想保険料収入額を確認し，予算のレビューを行う

6　キャプティブ自家保険を成功させるための5つのポイント

　25年以上のキャプティブ・アドバイザリー経験を通じて，キャプティブ自家保険をうまく活用していると筆者が考える複数の日系クライアントから得た知見を述べる。キャプティブ自家保険をうまく活用できないクライアントの多くは，これらのポイントのいくつかあるいは大半を軽視しているように思える。

⑴　保険プログラムをキャプティブ自家保険に最適な内容に変更する

　キャプティブ自家保険に関心を持つと，現状の保険プログラムと比較しながら自家保険の損得勘定を考え始めることが多い。しかしながら，現状の保険プログラムが果たして自社グループにとって最適な内容（カバー範囲，保険金額，免責金額，保険料）かどうかは定かではないし，そもそもキャプティブ自家保険に適した構成になっていないことが多い（非レイヤープログラム，大量の契約本数，決済を複雑にする共同保険や共同代理店方式，など）。新しい戦略には新しいやり方が必要である。

　さらに，キャプティブ自家保険の正味リスクコストを単純自家保険に近づけるためには，キャプティブ自家保険プログラムをできるだけ単純自家保険に近い引受方法にする必要がある。逆説的だが，単純自家保険で対応できないリスクだけをキャプティブ自家保険の対象とする。そのやり方には，種目で分ける方法のほかに，一定金額までは単純自家保険，それを超える自家保険部分をキャプティブ自家保険とする方法が含まれる。そして，可能な限り，フロンティング・スキームではなく，キャプティブ元受を選択する。フロンティング・スキームを選択せざるを得ない場合でも，リスク量を小さくしたプライマリーレイヤーに限定して，それを超える自家保険部分をキャプティブで元受するなど，フロンティング・フィーや仲介手数料を最小化する措置を講じるべきである。

⑵　自家保険の長期的なコストメリットを周知し続ける

　自家保険というコンセプトは人間の心理に反する行為なので，意識してそのスキームのメリットを社内に周知し続けなければ，その有効性が組織の中で揺

らいでしまう。例えば，キャプティブ自家保険の立ち上げに関わった方々が異動した場合や，相当額の保険損害が生じて「やっぱりあの時保険を買っておけばよかった」という意見が出てくる場合など，スキームの存続を危うくする要因は枚挙に暇がない。

(3)　自家保険の長期資金計画を立てる

保険ヘッジでは保険料予算を管理するのに対して，単純自家保険では損害予算を管理することになる。ただし，固定費用である保険料予算の管理と大きく異なり，保険損害は金額が変動し，1年以内に支払完了になるものばかりではなく，5〜10年かかることも珍しくない。金額が大きければ事前の手当てが欠かせないから，保険会社同様，支払備金勘定やIBNR勘定を管理会計ベースで計上し，組織内での「サプライズ」を避ける方向にコントロールしていくことが望ましい。

キャプティブ自家保険の場合は，将来の損害支払に充てる資金をキャプティブの負債勘定や資本勘定で積み上げる（会計処理の結果，積み上がる）ことになるので，バランスシートとキャッシュ・フローの管理が明示的に求められる。また，グループ間資金フロー（出資，キャプティブが引き受ける保険料，増資，グループ内貸付，配当）とグループ外資金フロー（保有損害額，維持コスト，税金）を切り分けて管理することが求められる。さらに，可能性は小さくても増資が必要な場合が必ずあるので，社内与信枠のようなものを事前に確保しておいたほうがよい。

(4)　社内の財務チームや税務チームを最初から巻き込む

キャプティブ自家保険を検討する時には，社内の財務チームや税務チームのリソースをフル活用するべきである。単純自家保険やキャプティブ自家保険の上限額を決めるにあたっては，コーポレートファイナンスを理解している財務チームのアドバイスが不可欠である。また，他の投資案件を考慮した出資可能額についても適切なアドバイスが得られるはずである。

キャプティブ自家保険には国際税務が伴い，常に二重課税のリスクを孕んでいる。そのため，本社，国内外事業子会社，キャプティブを連動させて二重課税リスクを最小化する必要がある。これは自家保険戦略に限ったことではなく，TP税制への対応などの企業税務全般に関係する論点である。

(5)　管理会計（戦略会計）を自家保険戦略に合致したものに修正する

　ビジネス遂行には，制度会計，税会計，管理会計（戦略会計）の使い分けが肝要である。自家保険，特にキャプティブ自家保険は，ポートフォリオ効果を狙ってリスクを一括管理する（自家保険する）全体最適戦略であるから，管理会計においてもそのような修正がなされなければ，部門間の利害が衝突してうまくいかない（自家保険の否定）ことが多い。特に，他部門との内部取引で成り立っている自家保険キャプティブの業績評価が部門の業績評価につながっている場合には要注意である。

- キャプティブ投入保険料を部門コストから除外する
- 保有損害を業績評価対象から外す
- 保有額を偶発債務ではなく，経費予算に織り込む（無事故ならば期末に取り崩す）

コラム⑤　マーシュのキャプティブレポートにおけるトピックの変遷

　マーシュでは2008年より，毎年一度キャプティブに関するレポートを発行している。ここにはキャプティブの全世界のベンチマークデータに加え，昨今の潮流等のトピックが掲載される。トピックを追うと，各時代におけるキャプティブの役割が見えてくる。特徴的な流れを紹介しよう。

１．キャプティブの剰余金における流動性の向上

　2010年と11年，さらに2020年にキャプティブの剰余金の流動性の向上に関するトピックが組まれた。10年，11年はリーマンショック，2020年はコロナの影響によるものである。キャプティブには大きな損害がなければ資金が留保されていく。溜まった剰余金は，緊急事態で枯渇したキャッシュへの解決策として着目を浴びるのである。

２．キャプティブ活用範囲の拡大

　剰余金は本来将来の支払に備えるものだが，平時においてその活用範囲を拡大しようとする流れが顕著である。特にリーマンショックが終息した頃から，以下のような新しい使い道を広げる趣旨のトピックが拡大している。

　2013年頃から第三者ビジネスへのトピックが組まれるようになった。第三者ビジネスのシェアは13年には全体の約10％くらいであったが，2020年には約18％に上昇しており拡大している。

　また，キャプティブの対象は財物保険や賠償責任保険などが主であるが，2016年

頃からサイバーリスクや従業員の福利厚生リスクといったキャプティブ投入に伝統的ではないリスクについても，積極的に活用の範囲を広げる趣旨のトピックが登場している。

3．制度の変化に応じたキャプティブの活用

　制度の変化に応じキャプティブの活用範囲も変化する。例えば，2014年から17年にかけてキャプティブを通したテロリスクプールの活用について特集がされた。米国においては，テロリスクプールの制度であるTRIAが2014年末に失効し，2015年以降はTRIPRAが制定されたからだ。制度の変遷とともにキャプティブの活用方法も広がる一例である。　　　　　　　　　　　　　　　　　　　　（宇野　晃広）

【著者紹介】

マーシュ ブローカー ジャパン株式会社

マーシュ・マクレナンはリスク，戦略，人的資本に関するアドバイザリーサービスとソリューションを提供するグローバル・プロフェッショナル・サービス・ファームです。保険仲介およびリスクアドバイザリーの世界的リーディングカンパニーであるマーシュ，再保険仲介・コンサルティングのガイ・カーペンター，組織・人事マネジメントコンサルティングのマーサー，ファイナンシャル，企業，組織および経営に関するコンサルティングのオリバーワイマンを傘下に置いています。

マーシュ ブローカー ジャパン株式会社は，マーシュ（本社：米国ニューヨーク）の日本法人・マーシュ ジャパン株式会社の下，1997年に設立された保険仲立人です。保険代理店とは異なり，保険会社から独立した中立な立場で，指名を受けたお客様のニーズに合わせた保険ソリューションを提供しています。日本国内のリスクのみならず，全世界のリスクに対して様々なソリューションを提案し，保険以外のリスクマネジメントにおいても総合的なリスクコンサルティングサービスを提案しています。

プロが教える
キャプティブ自家保険の考え方と活用

2022年 2 月10日　第 1 版第 1 刷発行

著　者	マーシュ ブローカー ジャパン株式会社
発行者	山　本　　　継
発行所	㈱中央経済社
発売元	㈱中央経済グループ パブリッシング

〒101-0051　東京都千代田区神田神保町1-31-2
電話 03 (3293) 3371 (編集代表)
　　 03 (3293) 3381 (営業代表)
https://www.chuokeizai.co.jp
製版／三英グラフィック・アーツ㈱
印刷／三　英　印　刷　㈱
製本／㈲ 井 上 製 本 所

© 2022
Printed in Japan